大是文化

從美元看準投資趨避

Paper Soldiers:

How the Weaponization of the Dollar Changed the World Order

美國如何把美元當武器，催生或摧毀一國產業和金融？
從次貸危機到升息降息，我該如何觀察凶吉？

彭博新聞社駐華盛頓高級記者

薩萊哈・莫辛

SALEHA MOHSIN

廖桓偉 譯

目錄

各界好評

「這本令人驚嘆的書是內幕報導中的傑作，全面的揭露了美元如何支配全球，以及美元體系為我們生活帶來的影響。假如你想只讀一本書就了解美國在現今世界的政經權力運作，那就讀這本吧。」

——克里斯多福·倫納德（Christopher Leonard），《紐約時報》（*New York Times*）暢銷書《撒錢之王》（*The Lords of Easy Money*）、《科氏企業祕史》（*Kochland*，暫譯）作者

「《從美元看準投資趨避》收錄了華盛頓隱藏權力中心（美國財政部）的深度報導與權威性檢視，說明了監管它的人們，如何協助將美元轉變為強大、具爭議性、風險性及全球影響力的武器。任何不想只透過新聞頭條認識華盛頓內部權力運作的人，都一定要讀本書。」

——約書亞·格林（Joshua Green），《紐約時報》暢銷書《魔鬼的交易》（*Devil's Bargain*，暫譯）作者、《彭博商業周刊》（*Bloomberg Businessweek*）寫手

「薩萊哈·莫辛藉由透澈的報導、富啟發性與推進力的筆調，帶領讀者進入鑲金的會議

室和美元塑造歷史的舞臺。《從美元看準投資趨避》是一本釋義性報導的傑作。」

——托魯斯·奧洛倫尼帕（Toluse Olorunnipa），普立茲獎（Pulitzer Prize）得主、《他的名字是喬治·佛洛伊德》（*His Name Is George Floyd*，暫譯）共同作者

「透過嚴謹的觀察和記錄，薩萊哈·莫辛引導我們，看盡幾十年來美元政策的錯誤與勝利。任何擔心『美元最好的日子』已離我們而去的人，都必須讀這本書。」

——傑西·艾辛格（Jesse Eisinger），普立茲獎得主、《膽小俱樂部》（*The Chickenshit Club*，暫譯）作者、獨立新聞編輯部 ProPublica 資深編輯與記者

推薦序
令人又愛又恨的美元

財經主持人／詹璇依

這幾年因為升息影響，「強勢美元」已不再只是形容詞，而是真正的強勢起來了。

美國是影響全球經濟的大國，因為美國聯邦準備理事會（Federal Reserve System，以下簡稱「聯準會」）的貨幣還有利率政策，會影響全球資金流向，甚至在金融市場還有句話說：「美國聯準會是全世界的央行標竿。」在聯準會開啟升息循環之下，全世界所有主要貨幣在這兩年的勢頭都輸給了美元。然而所有的事情都有正反兩面，以金融商品來說，美元保單或是美元高利定存變得炙手可熱，這就叫做「順著美元政策賺趨勢財」。

但學過經濟學都知道，匯率受兩國之間的相對利率影響，資金流動往往是從利率低的國家往利率高的國家流動，白話解釋就是，當強勢美元成為全球金融舞臺上的主角，其他非美貨幣就沒戲唱了，都只有當貶值配角的命運。這對以出口為導向的國家當然不算壞事，但站在新興國家的立場，卻一點也不樂見這樣的事情發生。

我相信各位一定聽過，在強勢美元之下，要留意的風險之一就是「新興市場在強勢美元之下，可能會爆發連鎖性的破產或倒債危機」。我們先討論，為什麼強勢美元容易造成新興國家破產。主要還是因為，美元的保值性跟流通性高於許多新興國家貨幣，再來因為放款給新興國家的風險很高，如果又採取信用度較低的新興國家當地貨幣付款，就會變成雙重風險，因此新興國家的債權人，大都傾向接受美元計價債券。不過造成的必然後果就是，這些持有大量債務的國家，一旦碰上美元升值，債務危機就會一觸即發。

但為什麼美元能有今日的價值跟地位？就要先分享這句在金融市場的老話：「美元是我們的貨幣，但那是你們的問題（The dollar is our currency, but it's your problem.）。」這句話聽起來不甚悅耳，卻非常貼切，不只牽動了「黃金——美元——石油」的三角關係，也奠定了美元強勢半世紀的基礎。而這句經典名言是出自一九七一年，時任美國總統理查・尼克森（Richard Nixon）任命的財政部長約翰・康納利（John Connally）的名言；當年因為美國黃金儲備幾乎見底，加上各國都拿美元來兌換黃金，也讓美元面臨貶值壓力，於是美國政府宣布解除「美元——黃金本位制」，也就是說，用實體黃金支撐美元地位的固定匯率（當時一盎司黃金可換三十五美元）時代結束了。

這在當時被稱為「尼克森震撼」（Nixon shock），美國任性的表示不再看有多少黃金，而可以恣意的將白紙印成鈔票，表面上看起來霸氣十足，但這又不是玩大富翁遊戲，印再多鈔票，若沒有流通跟保值性，也就真的跟大富翁紙鈔沒兩樣了。少了黃金支撐美元的價值，美國該怎麼辦？就把腦筋動到了石油身上。

一九七〇年代石油危機爆發之後，「石油美元協議」正式成立。美國要求，所有石油輸出國組織（Organization of Petroleum Exporting Countries，以下簡稱OPEC）國家都必須以美元作為石油唯一計價貨幣，賣石油的盈餘還必須投資於美國國債，而美國則向沙烏地阿拉伯提供軍事支援，和保護不受以色列侵犯作為交換。雙方各取所需，如此一來，石油美元幫助美元鞏固世界儲備貨幣的地位，也替美國人帶來了繁榮時代。

在過去只能跟OPEC買油的年代，這代表了其他國家若想購買石油，就要先累積美元，因此，美國因成為「石油——美元」唯一兌換關係，就成了貨幣戰爭核心，也享受到成為全球企業銷售商品首選市場的好處；此外，外資流入美國國債，也支持低利率和強勁的債券市場，美元也因此重塑了信譽、並奠定在國際貨幣金融體系中的地位。不過在二〇二四年六月，沙國表明不續簽此協議，這讓後續美元走勢將更撲朔迷離。

而事實上全世界的石油銷售，有五分之一已經不使用美元了，這個比例可能還在慢慢擴大，加上隨著人民幣發行數位貨幣，以及唐納・川普（Donald Trump）可能入主白宮的二〇二四年美國總統大選結果，美元的影響跟後續對全球的衝擊都將持續，如何能持盈保泰，最好的方式就是了解歷史、接受現況，並試圖對未來做出最好的決策。而我相信這本讓人驚豔的書，也絕對會是內幕報導中的傑作，它全面揭露了美元如何支配全球，以及美元體系為我們生活帶來的影響，讓投資人可以更了解歷史，做出更加適合的投資決策。

把美元當武器的財政總管們

詹姆斯．貝克（James Baker）於雷根（Ronald Reagan）執政時期、一九八五年二月至一九八八年八月期間擔任財政部長。曾在一次祕密召開的會議中，與最具影響力國家的財政部長們談成交易，聯合起來削弱美元。

羅伯特．魯賓（Robert Rubin）於比爾．柯林頓（Bill Clinton）執政時期、一九九五年一月至一九九九年七月期間擔任財政部長。創建強勢的美元政策，鞏固了全球化初始時期的基礎，同時為美國貨幣政策帶來了二十年未見的穩定與秩序。

保羅．歐尼爾（Paul O'Neill）於小布希（George W. Bush）執政時期、二〇〇一年一月至二〇〇二年十二月期間擔任財政部長。九一一事件後，在小布希總統的反恐戰爭前線效力，負責監管美元的現代武器化，以保護美國的安全利益。

約翰．史諾（John Snow）於小布希執政時期、二〇〇三年二月至二〇〇六年六月期間擔任財政部長。當美國將美元作為武器、實現外交政策目標時，負責監督財政部新經濟制裁單位的設立。

亨利．鮑爾森（Henry M. Paulson）於小布希執政時期、二〇〇六年七月至二〇〇九年一月期間擔任財政部長。在美國與中國之間建立更親密的關係，後來與前任財政部長們應對全球金融危機造成的惡果時，這段關係成為關鍵。

提摩西．蓋特納（Timothy F. Geithner）於巴拉克．歐巴馬（Barack Obama）執政時期、二〇〇九年一月至二〇一三年一月期間擔任財政部長。原為魯賓財政部的公務員，協助創造了強勢美元政策（此政策持續宰制了其他經濟政策的制定長達二十年）。後來成為美國第七十五任財政部長。

路傑克（Jack Lew）於歐巴馬執政時期、二〇一三年二月至二〇一七年一月期間擔任財政部長。他預示了經濟制裁將會演變成經常被誤用的武器，美元身為最強貨幣的神聖性因此遭受風險。

史蒂芬．梅努欽（Steven Mnuchin）於川普執政時期、二〇一七年二月至二〇二一年一月期間擔任財政部長。美國經濟安全的最後一道防線，他必須時不時阻止企圖控制美元價值的總統。

珍妮特・葉倫（Janet Yellen）於喬・拜登（Joe Biden）執政時期、二〇二一年一月至今（二〇二四年九月本書出版期間）擔任財政部長。美國史上第一位女性財政部長。當俄羅斯總統弗拉迪米爾・普丁（Vladimir Putin）在歐洲發起二戰之後最大的軍事襲擊，她負責監管美元，使其成為武器，保護已維持了八十年的全球秩序。

斯圖爾特・利維（Stuart Levey）。第一位主掌財政部新設立外國資產控制辦公室（Office of Foreign Assets Control）的官員，於二〇〇四年小布希總統任內宣誓就職，協助這個部門在美國的國家安全機構中獲得強大的影響力。

馬克・索貝爾（Mark Sobel）。美國財政部官員，處理美國貨幣問題長達四十年，並將美元政策延續了好幾屆政府。

引言
把美元當武器的財政總管們

「二〇二二年二月二十六日，星期六，下午五點十三分」，這一時刻在未來某天極有可能被視為美元帝國衰落的開始。雖然我們無法得知幾十年後，美元是否會永遠喪失作為全球最強貨幣的地位，有件事卻是我們能確定的：所有帝國都認為自己是特別的，但所有帝國最後都垮了。目前為止，美國與美元霸權散發的光芒仍令人目眩神迷，而正當世界進入強權較勁、重新劃分同盟的時代，這個國家領導人的作為是加速了它的垮臺，抑或將帶領國家安穩度過這個最新的威脅？

二月某個風雪交加的日子，世界上權力最大的財務部長，在華盛頓特區直視著歷史性的挑戰。四十八小時前，俄羅斯已經引發二戰之後最大的軍事危機。世界各地的領袖們正面臨挑戰：持續了八十年、圍繞著民主制度和經濟整合所建立起來的全球秩序突然陷入混亂。各國政府不會樂見用飛彈瞄準彼此，因為有可能會傷到自己——這個世界互相連結的程度太緊密，一道裂痕不可能不傷及其他。

然而，普丁已經做了那件令人難以置信的事。儘管如此，美國總統仍堅定的排除軍事行動，並強調了下一個選項的效力：經濟制裁。這個最強武器，就掌握在財政部長珍妮特・葉倫手中。

早上八點，葉倫加入了拜登總統和政府高階官員的安全電話會議，談論該怎麼對付普丁對烏克蘭的凶殘侵略。國家安全顧問傑克・蘇利文（Jake Sullivan）建議拜登動用美國經濟軍械庫中的「核武」：切斷某個中央銀行的美元金流。只要讓普丁無法取得他那五千億美元（譯按：約新臺幣十六兆三千億元，以下皆以一美元等於三十二・六臺幣之匯率進行估算）的戰爭資金，他們就能在經濟上，將俄羅斯的銀行部門大半隔絕於其他國家之外。

拜登示意蘇利文準備執行這項極端的任務，接著就看葉倫了。身為財政部長與美元的簽署人，葉倫將負責告訴金融市場，要大幅減少俄羅斯取得美元的管道。財政部網站更新制裁名單後，仔細監看這個網頁的金融主管就會知道，他們必須中止自己與俄羅斯銀行、公司或個人的交易和協議。

葉倫並沒有立刻肯定這項任務的必要性。自從擔任世界儲備資產總管的第一天起，她便受到宣誓的限制，必須極度謹慎並專注於這個舉措所造成的衝擊。

首先，她擔心這樣會讓美元徹底淪為戰爭武器。雖然這不是第一次，但對二十大工業國（G-20）[1]之一的中央銀行採取極端手段之後，假如盟國不再將美國視為能夠存放資產的安全區域，那麼美元作為世界基礎貨幣的地位將會受損；另一個問題是，未來可能採取的整套經濟制裁手段，很有可能會導致經濟上的地毯式轟炸：這個經濟上的大破壞，將會嚴重損害俄羅斯（全球第十一大經濟體）無辜公民的生計，並且對全球金融市場造成傷害，同時波及世界各地的日常商品（像是食物和能源）。這項任務不禁讓人思索，這麼做是在正當的使用權力，抑或在濫用權力？

美國花了兩百多年才登上這樣的權力地位。這段時期內，美國從一個眾人不看好的主權獨立實驗體，變為全球強權與民主堡壘。美國崛起和存續的故事，也是美元的故事。美國貨幣受到近乎理想化的條件所培養（穩定又可預測的民主政治，建立於自由且公平的選舉、法治，以及獨立的司法），逐漸統治了全球金融體系，並擴大美國在商業與全球維安上的支配地位。

而美國財政部，便是這項使命的核心。

全球最重要的貨幣政策，誰捧出來的？

儘管位於賓夕法尼亞大道（Pennsylvania Avenue）[2]的美國財政部總部橫跨了兩個城市

1　編按：截至二〇二三年，該組織共有二十一個成員：阿根廷、澳洲、巴西、加拿大、中國、法國、德國、印尼、義大利、日本、墨西哥、俄羅斯、沙烏地阿拉伯、南非、韓國、土耳其、英國、美國、歐盟和非洲聯盟。受邀國包括西班牙、聯合國、世界銀行和東協等。

街區，有著令人驚豔的花崗岩列柱和希臘復古石柱，但湧至華盛頓特區的遊客卻很少造訪這裡。愛看熱鬧的鄉民，比較喜歡在更有名氣的鄰居「白宮」外頭聚集。但這兩棟建築物的占有者，在創造美國夢（努力工作，你的生活就會變好）時所扮演的角色一樣重要。

美國財政部成立於一七八九年，在獨立戰爭後的騷亂歲月期間，負責管理美國的財政，監管美元發行，並且穩定這個國家的信用。它所付出的努力，使自由市場與開放貿易制度變得更加順暢。**市場與經濟的自由民主有著密不可分的關係：**假如你切斷美國人提升經濟地位的途徑，他們就會開始對政治體系失去信任；**假如你暗中顛覆民主制度，企業就可能沒信心在美國做生意。**

經歷第一次和第二次世界大戰的動亂，美元才確立其「全球最重要儲備貨幣」的地位，過去三十年來，這股力量已逐漸鞏固。**本書就是在談美元的驚人崛起，以及它如何被當作美國最有影響力的武器。**它也記述了強勢美元政策對於美國國內外無心的（有時還是毀滅性的）影響。

如果想了解這段故事，最好的方法就是觀察美元總管們的行動：這些人在經濟與政治動盪之際擔任財政部長，他們最重要的工作，就是保護並維持美元這個影響力來源。這些人不只有珍妮特．葉倫，還有羅伯特．魯賓、亨利．鮑爾森、史蒂芬．梅努欽，以及財政部數千位無名英雄，他們付出自己的生涯來保護全球金融體系，藉此鞏固美國的民主制度。身為彭博新聞社（*Bloomberg News*）的記者，我曾經訪談過上百位關鍵人物：現任和前任財政部長們、聯準會、白宮、國際貨幣基金組織（International Monetary Fund，簡稱ＩＭＦ）、世界銀行，以及私人企業的主管，還有現任和前任外交官們。**這些訪談都揭曉了過去三十年來，財政部的美元政策是怎麼塑造出來的。**

儘管葉倫在白宮的緊急電話會議期間有所猶豫，但無法逃避的事實是，普丁已經對全球的和平與穩定發動襲擊——儘管俄羅斯是二十大工業國、國際貨幣基金組織和其他世界聯盟的會員國，而成立這些聯盟就是為了防止這種攻擊。

老弱婦孺的臉上沾滿血汙，擠在地下隧道，逃離自己慘遭毀滅的家園。這些景象散布至世界各地的報紙和電視。數小時之內，葉倫就加入了白宮的計畫。美國決定下一步該怎麼走，並與盟友協調之後，於週六晚上集結了已整合的全球體系力量，這個體系由三十個國家（代表了半數以上的世界經濟體）團結起來，對俄羅斯發動經濟戰，而美元則是這場捍衛戰中最具殺傷力的武器。「俄羅斯的戰爭，代表了對於基本國際秩序與準則的襲擊，這些秩序與準則自從第二次世界大戰後一直盛行至今，也是我們承諾保護的對象。」白宮在發表這個空前手段時的聲明如此寫道。美國政府立誓要將俄羅斯孤立於國際金融體系之外。

烏克蘭遭到侵略之後，葉倫談到美國第一波關鍵決策時說道：「美國採取的行動，必須

2 編按：華盛頓哥倫比亞特區的一條街道，聯結白宮和美國國會大廈，即所謂的「美國大街」。常作為官方遊行和民間抗議的地點。

基於捍衛和平與秩序的原則與承諾。」美國政府於二月二十六日所做出的抉擇（比葉倫還早），反映了印在每張一美元鈔票上的圖案：一隻禿鷹同時握著橄欖枝和箭頭，象徵愛好和平，也準備好要捍衛它。

弱化美元的世界大網正在形成？

二〇二二年初，葉倫對於美元武器化的擔憂並非毫無根據。一年後的二〇二三年四月，巴西總統路易斯．伊納西奧．魯拉．達席爾瓦（Luiz Inácio Lula da Silva），在上海預示美元的衰亡時，獲得中國達官顯貴的熱烈掌聲。他對著高興的群眾問道：「我每晚都問自己，為什麼所有國家都必須把美元當成他們貿易的基礎？金本位制[3]消失之後，到底是誰決定由美元作為基準貨幣？」而且這個問題也不只有他提出——他只是眾多煽動性言論當中最大聲的，而這樣的言論是由各國領袖（從阿根廷到沙烏地阿拉伯、馬來西亞和印度）所形成，每個國家都在尋找新方法來避開美元。

美元衰亡的預言已經流傳好幾十年了。一九九〇年代初期，有人說日圓正在取代美元，也有人認為歐元是潛在的篡位者。事實證明，這兩個觀點都錯了。但自從二〇二二年二月俄羅斯入侵烏克蘭之後，傳統的全球同盟徹底解體，世人再度懷疑美元是否失去原有的力量。自從拜登總統決定將美元當成懲罰普丁的手段後，接下來那一年美國顯然就讓它的經濟武器火力全開。就像巴西總統魯拉一樣，**敵人和盟友都開始擔心自己假如沒跟美國站在同一邊，美國是否會用對付俄羅斯那種經濟戰來對付他們，因此世界各地的領袖都開始尋找美元的替代品。**

有些反彈的意見是公開的，例如巴西、俄羅斯、印度、中國和南非（這個陣營叫做「金磚五國」[4]）正努力開發一種新的共同貨幣。有些反對者的態度則需要細細觀察才會發現，例如世界最大的紙漿生產商，首次討論嘗試使用人民幣進行結算交易，以跟隨多元化投資各種商品（鎳和石油市場）的趨勢。以上這些舉措，都將慢慢削弱美元化的世界大網。二〇〇一年，美元占了各國中央銀行外匯存底總額（等於一個國家的儲蓄）的七三％。經過二十年的經濟制裁、一次金融危機、以及對美國逐漸醞釀的不信任感之後，這個比例降至六〇％以下。

各經濟圈內的專家都公開質問：「假如二戰後那場決定命運的布列敦森林會議（Bretton Woods Conference）中，美國官員未能如願將美元捧上王座，世界是否會變得更好？」、**「因為依賴美元而惹上麻煩真的值得嗎？」**

3 編按：「金本位制」是一種貴金屬貨幣制度。每單位的貨幣價值等同於若干重量的黃金；當不同國家使用金本位制時，國家間的匯率由它們各自貨幣的含金量之比值「金平價」來決定。

4 編按：BRICS，現指十個主要的新興市場國家，分別為巴西、俄羅斯、印度、中國、南非、埃及、衣索比亞、伊朗、沙烏地阿拉伯及阿拉伯聯合大公國。

二〇〇八年美國造成的房市危機震撼全球市場後，投資人和盟友提出了同樣的問題；二〇一八年時任美國總統川普開始課徵貿易關稅之後，他們又問了一次。

美元的支配地位出問題，連帶讓美國的霸權也出現問題，迫使其進入新的防禦型態。再次強調，其中有些反對的態度與跡象很細微：二〇二三年春天，眾議院金融服務委員會低調召開公聽會，討論該怎麼「留住美元作為全球儲備貨幣的地位」。此外還有一個鮮為人知的研究室（提供客觀公正的報告給美國國會），發表了一篇長達四十三頁的論文，探討十七世紀以來，導致貨幣支配地位產生變化的歷史模式。

然而導致美元支配地位受損的最大因素，並非源自國境之外，而是來自一連串的政策自傷，使大家不禁懷疑，美國是否應該繼續作為全球金融體系的中心。近百年來，全球秩序首度出現變化，有個明確的聯盟（以中國為首）正在團結起來挑戰美國的權力。與此同時，美國也在應付國政方面的內部衝突，而這些衝突正不斷削弱領導人和選民之間的信任。

以美元為中心的全球秩序可能失序？

自從美元被尊為世界通用的貨幣，它面臨過幾次危機，有些微小但顯著的裂痕已經變成了永久性的傷害。

這些危機可以分為兩類：國內和國外。在美國國境內，美元從美國造成的全球性金融大災難中倖存下來，這場災難使得財政部的美元總管們面臨了信用危機。之後美元遇到了一位善變的總統，一再表示要積極介入外匯市場，弱化美元以獲取政治利益。

然後，美國的經濟政策制定者嚴重忽略了「擁有統治世界貨幣」所帶來的不利因素。支持美元強勢價值的政策，是一九九〇年代以來全球化的關鍵信條。全球化與美元的高價值，為許多人帶來豐厚的財富，以至於美國的領導者們忽視了一件事：有一大群美國民眾正在受苦。一種貨幣過於強勢且稱霸太久，再加上經濟整合使得外國競爭者分走了美國製產品的市占率，讓美國製造業的枯竭更加惡化。本世紀的頭十年，「飛越之州」（譯按：flyover states，泛指美國中西部地區）的美國居民們，眼睜睜看著他們的就業機會被移至中國和世界各地，他們發覺自己攀爬經濟階梯的能力變弱了，而權貴們卻在歌頌導致這群平民衰敗的罪魁禍首。這樣的疏忽使得國內的社會與文化方面爆發了騷亂（從選舉遭到質疑，到極端主義意識形態在美國政界崛起），讓美國民主制度的核心信條蒙上了一層陰影。

我們很難知道這個自我破壞的循環從何時開始。起點是二〇一九年，川普考慮指示財政部長史蒂芬·梅努欽「弱化美元」嗎？還是始於全球金融危機發生時？又或是美國立法者黨派對立顛峰的二〇一一年和二〇二三年？當時美國的領導者們對於債券上限的議題爭執不下，讓投資人懷疑，國會是否無法在提高債務上限這個議題上達成共識。**這一切都讓美元看起來更沒吸引力，且讓人對美國留下了這樣的印象：變弱的超級強權**，並有著一套飄忽不定的財政管理制度。這個新形象可不是好兆頭。接續不斷的領導權之爭（總統質疑選舉結果、笨拙的眾議院議長之爭）亦持續為國家帶來不穩定的因素。

經過好幾個世紀，歷史已經展現了貨幣與政治優勢之間的連結。十八世紀，當英國取得經濟影響力時，英鎊取代了荷蘭盾。接下來數十年換美元稱王，因為美國超越英國成為二十世紀中期世界最大的經濟體。這股浪潮可能會再次變化。

去美元化的後果影響深遠。它意味著美國必須量入為出，或是應付更高的借款成本。由於能花的錢變少了，嚴重分歧的國會將被迫大幅刪減預算。美元儲備率下滑，將會限縮華府在經濟面的治國選項，最終弱化一條能夠對全球衝突產生影響力的關鍵管道。**只要越多國家和公司，不靠美元就能建立直接的貿易通路，美元的影響力就會越小。**

而在一個因全球化缺陷變得支離破碎的世界中，**未來的世界秩序是否仍能藉由美元維繫在一起，就有待商榷了。**民族主義式的經濟政策，如今受到共和黨和民主黨雙方支持，有時甚至會取個比較好聽的名字，像是「友岸外包」（friendshoring）。美元不再是為了更大的利益而存在，而是為了照顧美國的盟友。

以美元為中心的全球秩序，讓美國能以低利率借到鉅額的債款（二〇二三年為三十三兆美元），這都是因為世人知道，沒有任何事物能阻止美國政府償還款項。這種信用非常重要，畢竟債務一直都是美國強大經濟實力的關鍵。因此，正如美國的領導者試圖彰顯其永久持續且強大的民主制度，他們也努力展現出經濟面優勢。這也延伸到政府的聯邦債券市場——它是政府、企業、投資人和個人在面臨不確定性時（可能是戰爭或流行病）的避風港。

強勢的美元源自美國強大又持久的經濟，因此它崛起與存續的故事，就等於美國自身興盛又長久的歷史。正如曾於一九九五至一九九九年任職的著名財政部長羅伯特·魯賓說過的：「民主的命運和市場的命運是密不可分的。」

第一章

強勢總統與弱勢美元

二〇一八年一月二十四日，美國第七十七任財政部長史蒂芬．梅努欽，出差前往瑞士鄉間的度假小鎮達佛斯（Davos）。這座山間小鎮的數百位居民必須先暫時離開，才能預留空間給為了世界經濟論壇（World Economic Forum）年度大會而聚集於此的人們。當年這場為期一週、致力於解決重大問題的冬令營，有奢華的派對，也有雪茄吧，保全費用超過九百萬美元。參與者名單給人一種不協調的感覺：五十三位州長、一百一十六位億萬富翁，而且不知道為什麼，名單裡居然還有歌手艾爾頓．強（Elton John）。

但在梅努欽開始跟聚集的全球菁英攀談之前，這位財政部長便已失言，使得美元立刻弱化，也短暫的將世界置於三十多年來頭一遭的貨幣戰爭險境裡。

這一切都只因為一句話：「**更弱的美元對我們是好事。**」

更弱的美元對我們是好事？

雖然那天在早餐後不久，梅努欽對記者還做出更多聲明，但全世界的經濟政策制定者、企業領導者和投資人都只在乎這句話。對於沒受過訓練的人來說，這句話很無趣。但是對於梅努欽的經濟和金融選民來說，這句話很嚇人，因為財政部長不應該渴望美元價值走弱。

對於安格拉．梅克爾（Angela Merkel，當時是身經百戰的德國總理）等世界領袖來說，梅努欽已經毀掉了一個耗費數十年才磨出來的原則：世界領袖不可談論自己國家的貨幣。梅努欽的牢騷已等於口語上的介入，以政策用語來說就是「磨嘴皮」（jawboning），其目的在於暗示政府計畫對該國貨幣價值的傾向。它影射政府願意用自己的現金跳進外匯市場，藉由買賣美元來影響貨幣價值的供需。身為公平經濟整合的承諾者、以及精明幹練的象徵，最近幾十年來，世界上最有影響力的「二十大工業國」，誓言避免從事這類活動——這條誓言由數十條共同聲明和協議所供奉著，但梅努欽現在顯然願意挑戰它。

後來事實很快就揭曉了：這位財政部長並非存心要暗示美國貨幣政策的任何新舉措。但對於投資人來說，他的言論就像鼓勵大家賣掉美元的綠燈——而且投資人也真的賣了，美元的價值因此跌了二・一％，達到三年來的新低。這些言論助長了既存的貶值趨勢，有一部分是因為大家看好歐洲的經濟，同時也因為大家不確定美國現在的方向，畢竟川普正在擬定偏向保護主義的經濟願景。梅努欽對於美元的那句話也使人懷疑，投資人當成寶貝一般持有的美國政府公債（簡稱「公債」〔Treasuries〕），究竟還剩多少價值？弱勢的貨幣會削弱美國數兆美元債務（債權人是其他國家、銀行和個人）的價值。

梅努欽未經審慎思考就談論美元，因此遭到猛烈批評。國際貨幣基金組織的總裁克莉絲蒂娜・拉加德（Christine Lagarde）表示，梅努欽那句話等於是貨幣戰爭的第一槍。梅克爾則將該言論所代表的民族主義式政策稱為「毒藥」，而某位歐洲官員（不願具名）稱這起事件為「插科打諢」（buffoonery）。

你可以說梅努欽已經染上了美國財政部長的老毛病——對於美元的言論必須極度謹慎，

但在國會山莊、華爾街和世界各地開會時，他們有時會因為一時興奮而忍不住失言。財政部長經常被要求闡述自己的觀點，這些言論將會影響我們日常生活的許多層面——我們的租稅負擔、購買力、在自由市場內創新和運作的能力等。但說到要怎麼回應死纏爛打的問題，任何人真正想聽的答案，其實只是重申經濟秩序的基本信條而已：美國政府將不會干涉貨幣市場，因為他們應該要像個民主國家，自由公平。

但是一月那個星期三，在瑞士山區的滑雪勝地，梅努欽對於美元的聲明中揭露最多資訊的部分，居然被忽略了。

沒錯，他大膽說出鮮少前任財政部長敢說的話：「弱勢的外匯匯率會為我們帶來一些經濟利益。」但這只不過是在陳述事實。對於這個經濟體的某些部分來說（像是製造和服務產業，出口商品給使用外國貨幣的買主），弱勢的美元會提高利潤。這些公司可以用更具競爭力的價格賣出更多商品，而不會被其他國家生產的低廉商品給淹沒。以巧克力為例：美國有好時（Hershey's），英國有吉百利（Cadbury）。如果美元對英鎊是強勢的，那麼英國對好時巧克力的需求就會減少，因為他們的國產糖果更便宜。而且這會讓在美國銷售的吉百利巧克力變便宜，對美國人而言，或許還會比美國本土的品牌更吸引人。

但無論達佛斯的全球菁英喜不喜歡，在梅努欽的聲明中，後半句的內容反而更具揭示性，更能反映出經濟政策新時代的興起。儘管這句話以「更弱的美元對我們是好事」開頭，它的後半句則是：「因為它與貿易和機會有關。」

鏽帶州的支持鋪就川普的白宮之路

川普的財政部長，隨便透過貨幣政策傳遞了「美國優先」的願景，結果無意間促使市場理解了一件事：「美國政府不干涉美元」並非已知事實，尤其是美元極為強勢的價值，以及它所撐起的自由貿易環境，正在傷害許多美國人。

川普自從二〇一五年成為總統候選人之後，就已經大聲疾呼這件事。他編造出美國經濟崩盤的黑暗景象（儘管經濟擴張程度破紀錄），結果引起被忽視選民的共鳴。而在二〇一六年十一月八日，有六千兩百九十萬名美國人選擇相信這個景象——或許是因為，只有這位候選人願意承認民眾受壓抑的失望情緒：薪資成長率太低，以及貿易造成的失業已經掏空了心臟地帶好幾個區域。

乍看之下，投票給川普的州，代表了美國從二〇〇七至二〇〇九年經濟大蕭條逐漸復甦並受人歌頌的過程中，那些被拋下的美國民眾。但川普在飛越之州發現的痛苦民怨，其實已經累積了好幾年。自一九八〇年代，工業心臟地帶的鋼鐵城鎮和汽車工廠就已逐漸衰敗，為該區帶來一個新名稱——「鏽帶」（Rust Belt，包含大多數的中西部州，像是俄亥俄、密西根和威斯康辛）就此誕生。

製造業和服務業的就業機會，曾經是勞動階級的經濟支柱，薪水卻越來越低，因為從歐洲、墨西哥、亞洲進口的外國商品，提供更便宜的價格，大幅削減美國製產品的需求。美國各地商店內，「中國製造」或「越南製造」的標語印在所有商品上，從維多利亞的祕密（Victoria's Secret）的內衣，到凱迪拉克（Cadillac）的車子。廠工實得工資自一九八〇年左右就已經衰微，在中國加入世界貿易組織（World Trade Organization）、《北美自由貿易協議》（*North American Free Trade Agreement*，通稱NAFTA）上路之後，薪資衰退更加惡化。截至川普競選總統的三十年間，美國製造業減少了二〇％的就業機會。而全球金融危機爆發後的那幾年，被視為「勞動階級」的選民（根據他們的淨收入），比例增加了將近三分之一。

不可否認，所有先進經濟體的製造業都在衰退。但對於鏽帶和美國南部的失業者來說，世界其他地方根本不重要——重要的是他們的生活水準已驟然下降。他們抱怨領導者忽略這件事，並且把競爭者視為妖魔鬼怪。

在印第安納州的造勢活動期間，川普提到中國相較於美國的大量出口時，如此宣稱：「我們不能讓中國繼續洗劫我們的國家，這就是他們正在做的事。」這位政治人物會讓美國人的需求，優先於以往自由貿易與全球化的風潮與主流觀點。

「自由貿易是壞事」這個觀念，對於主流政策制定者和經濟學家而言，根本就是異端邪說，以至於二〇一七年他們大部分時間都處於震驚的狀態，因為川普得到四七％美國選民的支持。許多人不知道的是（或許是不願意正視），川普的言論雖然直率，但正好就是這些選民十幾年來一直渴望的。

公開唱衰美元的財政部長

時任美國總統川普打算修正這些根深蒂固的經濟問題，但他的做法不穩定且難以預測，有違世人對美國的期待。他談到要對進口品課徵懲罰性關稅（這個舉動等於挑起貿易戰，世界上已經至少五十年沒有爆發過）；那些賭上自己貨幣以獲得不平等貿易優勢的國家，只要被他抓到，一律遭到羞辱對待。他也希望利用美國的國家安全機構來保護特定產業，像是軍事裝備零件製造商。這一切都等於在利用美國的力量，以及將美元武器化。

而梅努欽在瑞士那個下雪天特別聲明的後半段，對此起了作用。他這句話的前半段，在吹噓弱勢美元所帶來的利益，而富裕國家的財政部長不太可能說這種話。但他這句話的後半段也闡明了困境：美國經濟有一部分急需關注。那一天梅努欽對於美元的即席聲明，在最後提醒世人，他和他的總統有權力能夠讓全球貿易關係重回平衡：「長期之下，美元的強勢反映了美國的經濟以及一個事實：美元現在是最強貨幣，以後也將一直都是。」

梅努欽有大到離譜的特權，讓他有時能夠將川普最危險的直覺化為武器（或者拿來推動自己所相信的「美國優先」願景），但有時又能成功阻擋這些直覺帶來的危險。就跟所有前任財政部長一樣，梅努欽在任內的四年間都是全能美元的總管。但如果要將美元維持在毫髮無傷的狀態以供未來使用，他或許要比所有前任部長都還努力，因為他必須阻擋美國總統親自干涉美元。

第一次正式到瑞士出差，梅努欽就花費大部分時間，試圖擺脫眾人對於美國貨幣政策的猛烈砲火。

他在那天下午緊急修正言論：「我早上說的那句話，完全不代表我對美元的立場有所改變。我認為我對美元的評論其實非常清楚。」而在隔天的座談會，他又向聽眾保證，他認為貨幣應該由公開市場來定價，而不是政府政策一時興起就可以隨便干涉。梅努欽的同事、商務部長威爾伯．羅斯（Wilbur Ross）則說：「投資人對於梅努欽的言論反應過度了。」

就連川普都積極協助收拾局面，這位終極強人統治者突然理解到，強勢的美元意味著他很會拚經濟。在梅努欽失言後沒多久，川普搭著空軍一號來到達佛斯，一降落就立刻說道：「我終究還是希望美元是強勢的。」

陰晴不定的川普政令

川普的總統任期充滿了令人頭暈目眩的政策，公開聲明的計畫突然轉向，成了每週都會發生的事情。共和黨員、民主黨員、政府官員、外國盟友和投資人，全都經常被這種急轉彎搞得暈頭轉向。前一刻，川普還在責怪中國「洗劫」美國的製造業，下一刻他卻宣稱自己跟習近平主席「相親相愛」。然後他在美墨邊界蓋了高牆，並誓言要墨西哥付這筆錢，直到他決定強迫美國政府停擺，藉此要求國會資助這項計畫。

所以他承諾支持美元的強勢價值，之後卻又背道而馳，其實並不令人意外。

到了二〇一九年六月，重新協商貿易協議、替美國勞工謀福利的難度，已經讓川普備感挫折。他的政府才剛對中國進口品課徵兩千億美元的關稅，但北京的官員似乎正在公開市場大量拋售人民幣以壓低其價值，而且越來越明顯。（由於高價值的貨幣會讓一個國家的進口品變便宜、並讓出口到外國市場的商品變貴，因此依賴出口產業來帶動經濟起飛的國家，會想要相對弱勢的貨幣——於是他們傾向壓低匯率）人民幣跌至全球金融危機以來的新低，儘管中國的成長前景並沒有顯著變化。這個行動等於在操縱貨幣，然而十八個月前，在達佛斯開會的所有人都警告美國千萬別做這種事，甚至連暗示都不行。

川普很生氣。他希望中國承諾買進更多美國製產品，並且停止在貨幣市場的作弊行為。他指示他的團隊擬定計畫，對從中國進口到美國的商品再課三千億美元的關稅。這種手段肯定會促成兩大經濟體之間的貿易戰，將整個世界置於經濟停滯的風險中。

川普在貿易戰中迅速受挫，接著便把矛頭轉向美元政策。他關起門來，開始對他的顧問破口大罵說美元太強勢了。他希望聯準會調降利率來弱化美元——這會比聯邦政府其他做法產生更大、更立即的衝擊。

說這種舉動會嚴重破壞美國的霸權地位，都還太低估了它的威力。撇開利率和通貨膨脹不談，一國的貨幣價值也是經濟健康的關鍵指標（強勢的貨幣意味著投資人看到經濟持續成長的跡象，弱勢的貨幣則表示投資人害怕未來經濟停滯，轉而尋找其他獲利機會）。聯準會的政策決定將會影響所有國家。美元占了全世界貨幣交易的九〇%，而且國際債務有三分之二是以美元發行；幾乎所有石油貿易都是用美元定價。這一切都使得全世界受到美元價格與其管理方式的擺布——然後川普現在想要干涉。這種不民主的行為，在威權政體中很常見（像是土耳其），貨幣政策基本上是由總統下令。

但川普的世界觀就帶有這種密謀色彩。六月十八日，歐洲中央銀行（European Central Bank）總裁馬里奧·德拉吉（Mario Draghi）示意放寬貨幣政策（意指讓貸款變便宜以刺激投資，進而弱化歐元的價格）以促進經濟成長。川普對這件事的看法，就是其他國家的政府在其中央銀行協助下操縱貨幣。川普的心結公開表露於X（前稱Twitter）貼文，而且把砲口直接對準美國央行總裁、歐洲央行的德拉吉等人。「馬里奧·德拉吉剛剛宣布要增加更多刺激，結果立刻導致歐元對美元的匯率下跌，讓他們跟美國競爭時取得不平等優勢。他們跟中國等國家做這種事好幾年了，但都沒被懲罰。」六月十八日，歐洲央行公告後數小時，川普就在X發文：「這對美國而言非常不公平！」

對聯準會主席施壓

川普催促他自己的央行總裁、聯準會主席傑洛姆·鮑爾（Jerome "Jay" Powell），做那種他聲稱歐洲人正在做的事：利用貨幣政策來針對美元。截至此時，川普早已違背了好幾個經濟慣例，隨便舉幾個例子：他不但對第二大經濟體發起難以想像的貿易戰，還請白宮的律師團設法開除聯準會主席鮑爾（或降職）。他公然刁難鮑爾也同樣令人震驚。這打破了數十年來總統不干涉中央銀行的傳統，甚至連只是做做樣子都不行。聯準會前主席艾倫．葛林斯潘（Alan Greenspan，貨幣政策與金融圈的大人物）半開玩笑的寄給鮑爾一對耳罩。美國央行獲得大多數國家的支持，才得以制止危險的政治介入。有人猜測川普想把強勢美元（和聯準會不願介入）當成他無法連任的完美代罪羔羊。

大家都知道，聯準會主席鮑爾有壓力，因為他必須維護其營運機構的獨立。在健康且穩定的民主制度中，聯準會必須完全獨立，以確保長期的經濟穩定，因此它不能被政客的短期興致所礙。這間中央銀行在上個世紀跟白宮和財政部激烈交鋒過好幾次，以培養並維持其自主權。因此，鮑爾找到方法來拒絕川普。

「財政部——也就是政府——必須為匯率政策負責。就這樣。」六月二十五日，有聽眾問鮑爾，對於總統顯然想要干涉聯準會有什麼看法？而鮑爾如此回答：「我們不評論美元水準。我們絕對不會針對美元和貨幣政策進行調整。我們的目標是直接提升國內經濟水準和金融條件，就跟其他中央銀行一樣。」

當川普碰到阻礙，他對美元長期以來的負面想法也開始爆發。鮑爾把球回踢給他，一週後他又在X上發文：「中國和歐洲正在大玩操縱貨幣的遊戲，將金錢注入他們的體系，以便與美國競爭。我們應該正面迎戰，要不然就是一直呆坐著，禮貌的看著其他國家玩他們的遊戲——他們已經這樣做好幾年了！」

川普亟欲控制美元，他的企圖心如今已觸及最終防線：史蒂芬・梅努欽。

作為最後一道防線

假如你問梅努欽接下來會發生什麼事，他可能會告訴你「什麼事都不會發生」。有位總統顧問想出一個點子，以應付川普所要求的政策修正，但梅努欽跟所有人清楚解釋，為什麼這個點子很糟糕，然後他們就繼續照常運作。

但要說服地表上權力最大的人別破壞美國經濟實力的基礎，就沒那麼容易了。

在橢圓形辦公室內的好幾場會議中（多半都是在具歷史性的堅毅桌〔Resolute Desk〕周圍進行），川普問梅努欽和其他經濟團隊的成員，討論他們該怎麼「修正」美元。總統說，美元很強勢，所以它正在傷害美國的製造產業。

他從一位白宮貿易顧問那裡得到他想要的答案。這位顧問性情易怒、政治理念極端，但在辦公室內擁有很大的影響力——彼得・納瓦羅（Peter Navarro）是哈佛大學的經濟學博士，說這個人古怪已經算很客氣了。他是最反中國的人，二〇一一年寫過一本書，叫做《致命中國》（*Death By China*）。到了二〇一七年，他徘徊於白宮西廂的走廊，迎合總統保護主義到極點的衝動。川普稱他為「我的彼得」。《紐約時報》則稱他為「宛如拉斯普丁[5]

（Grigori Rasputin）一般」的貿易鷹派。

相形之下彬彬有禮的梅努欽，跟納瓦羅永遠合不來。這位財政部長已經養成習慣，時不時從財政部衝刺一百五十碼（譯按：約一百三十七公尺）到白宮，看看川普在跟誰開會——到了任期第三年，每個人都曉得這位善變總統所採用的瘋狂主意，通常都是在他身邊沒有講理的官員（也就是媒體所謂的「成熟大人」——梅努欽、川普的女兒伊凡卡・川普〔Ivanka Trump〕、川普的女婿傑瑞德・庫許納〔Jared Kushner〕）可以勸退時浮現出來的。

有一次梅努欽錯過了一場這種即興召開的會議，就在此時納瓦羅首次向川普提到，財政部控制美元有前例。納瓦羅詳細解釋說，一九八〇年代後期，美國和其他大工業國的財政部長們，經常公開告誡市場，別讓某種貨幣強勢到他們無法接受的地步。他們用來威脅市場的武器，就是他們有能力利用加起來約一千兩百五十億美元（約等於現在的四千六百億美元）的儲備貨幣，在公開市場賣出美元、然後再買進其他貨幣，藉由增加供給來降低價格。當時，外匯市場每天變動一兆美元左右，小到足以讓政府的干預奏效。當然，那時聯準會有協助這件事，他們打電話給市場參與者，檢查美元當前的匯率，而這項策略是用來提醒交易人，政府是有可能介入的。

5 編按：拉斯普丁為尼古拉二世時期的神祕主義者。因醜聞百出，又對沙皇影響力過大，最後遇刺身亡。

梅努欽得知納瓦羅的主意後，他和時任白宮國家經濟委員會主任賴瑞・庫德洛（Larry Kudlow）就開始反駁這個主意。「有誰會想跟我們合作嗎？我們不可能成功辦到這種事——我們在世界各地的地位都太薄弱、太沒有條理了。」庫德洛在川普不在場時說道。

於是納瓦羅就把砲口瞄準梅努欽的權力——他可以在別人不插手的情況下，自行動用九百四十億美元的巨款。這筆錢放在「匯率穩定基金」這個帳戶內，而它的用途正如其名：穩定貨幣市場。一九七〇年代、一九八〇年代以及一九九〇年代初期，財政部都用這個機制來影響外匯匯率（聯準會和其他國家也有幫忙）。但是在前總統柯林頓[6]時代，魯賓傾向由市場決定匯率，所以這種做法就退流行了。

「就跟現在一樣」

梅努欽和庫德洛利用幾個協商戰術，避免納瓦羅徹底說服川普，指示財政部破壞全世界仰賴的貨幣政策。梅努欽處於很棘手的局面。過去六個月來，他只能在保持距離的情況下應付總統。川普怪梅努欽推薦傑洛姆・鮑爾擔任聯準會主席——自從聯準會開始調升利率之後（等於減少對美國的經濟援助，因為經濟開始復甦），川普就非常後悔這項任命。所以梅努欽若想抑制川普對於納瓦羅提案的興趣，他的策略必須謹慎才行。

因此庫德洛就帶頭給川普幾個行不通的理由。首先，財政部能用來介入市場的外匯存底，跟中國、日本等貿易對手相比只是皮毛，在每天交易五兆美元的全球外匯市場賣出幾十億美元，根本是杯水車薪。庫德洛還分享了以前財政部介入的例子，它們當時的情勢都截然不同。

二〇一一年，當時的財政部長蓋特納，跟幾個最有錢的國家一起穩定日圓——日圓在三一一地震後飆漲。但財政部上一次為了讓美元貶值而拋售美元（二〇〇〇年），只是更廣泛的國際性行動一部分，目的是為了支持首次發行的歐元。

而且只要是政府有介入的罕見情勢，財政部如果沒跟聯準會完全合作，成果就會很有限。在前三次介入之中（一九九八年、二〇〇〇年、二〇一一年），財政部和聯準會合作無間，平均分配它們之間的美元交易量，然後藉由協調過的公開聲明來啟動。

梅努欽和庫德洛謹慎的和川普解釋，任何對於美元的舉措若要成功，聯準會不但要同意政策決定，也要清楚表達其支持。在目前的情勢下，介入美元如果不是為了穩定，而是只為了政治理由，那麼聯準會就會保持沉默，讓財政部的任何行動都失敗。

就連投資人（華盛頓和橢圓形辦公室內所憂心的跟他們幾乎無關）都可以感受到川普對美元的惱怒。

「總統對聯準會很失望。這會不會促使他親手弱化美元？」某位理財經理用一封電子郵

6 編按：第四十二任美國總統，任期一九九三年一月二十日至二〇〇一年一月二十日。

件反問他的客戶。「美國政府企圖以積極手段弱化美元，雖然極度不尋常，但我們不排除川普政府嘗試這樣做的可能性。」另一封信寫道。

與此同時，川普的心結越來越嚴重。總統唯一能影響聯準會的管道，就是提名包括主席在內、制定利率的聯準會委員們。七月中旬，川普在橢圓形辦公室面談了幾位可能被提名的人選。他問了尖銳的問題，藉此判斷他們的觀點是否和他一致，也就是美元的力道削弱了經濟繁榮——他指望這樣的繁榮使自己連任總統。

庫德洛在公開場合試圖把責任推回給聯準會。七月九日，庫德洛在全國廣播公司商業頻道（Consumer News and Business Channel，簡稱CNBC）說明他私下怎麼努力勸阻川普，並且反擊鮑爾：「聯準會的目標是物價水準以及美元的穩定，而不是就業率。」

庫德洛和梅努欽都知道這種聲明很空洞，畢竟聯準會要是做出這樣的舉動，就等於違背職權。國會指示聯準會追求最高就業率、穩定的通貨膨脹、以及適中的長期利率，而不是讓美元達到某個水準。但總統大人超愛看有線電視的新聞，所以庫德洛如果想跟川普說話，最好的方法就是上電視。

梅努欽和庫德洛又花了一個月才搞定事情。梅努欽在七月十八日接受彭博新聞社的專訪；這位財政部長不想將市場帶往完全錯誤的方向，也不希望激怒那位剛被巧妙說服不要介入的總統，所以他只能說美元的政策沒有改變，「就跟現在一樣」。事實上，財政部從未正式或非正式接觸聯準會，以協調這樣的舉措——這是來自好幾位直接相關人士的說法，如果真要採取行動，他們都會參與（任何形式的美元相關言論都非常敏感，所以這些人全都要求匿名）。

但是「就跟現在一樣」這句話，反而揭露了美國的貨幣政策變得多麼不確定。這句話令投資人鬆了一口氣。美元因為財政部長這句話而增值，但也只有一下子。

第二章

霸權誕生：布列敦森林會議

亞伯拉罕．林肯（Abraham Lincoln）的財政部長薩蒙．波特蘭．蔡斯（Salmon Portland Chase）出於絕望，接受了被許多人認為「不甚道德」的主意。

蔡斯身材高大、虎背熊腰、穿著鍍金鈕扣的燕尾服，給人霸氣的印象，他已經做好辭去內閣職務的準備。到一八六二年為止，他活得比三任妻子都還久，但南北戰爭仍威脅著他的命運。蔡斯所領導的財政部已經用盡了資金，而且他十分擔心經濟會發生全面的崩潰。

這個時代的經濟信條是：全能上帝已經提供金和銀作為凡人的價值標準，藉此奠定商品和信用的交易。但財政部長蔡斯發現，他的金庫裡沒有珍貴金屬了，偏偏他必須資助一場打得比預期還久的戰爭。為了讓林肯總統的兩百萬聯邦大軍動起來，蔡斯需要紙幣。

儘管他形容自己「非常討厭」政府發行的借據，仍無法逃避現實：「立刻採取行動非常重要。財政部快沒錢了。」他在一封寫給國會的信上說道。

起初這種不支付利息又不能兌換金或銀的證券，看起來幾乎就像在宣告這個剛剛創建的國家走向滅亡，並讓這種證券的總管們看起來像是參與了「流氓嘉年華」（"carnival of vogues"）。建立於「發行紙幣者擁有值得投資價值」的幻覺上，紙幣被批評者視為詐欺和違憲，這些批評來自銀行、國會，甚至蔡斯的財政部內部。

但是當這個激進的概念隨著林肯簽署了《法定貨幣法》（*Legal Tender Act*）變為法律後，這種新紙幣立刻就潤滑了政府信貸市場，振奮這個國家的經濟以及聯邦軍士氣。民眾普遍都接受「綠背美鈔」（greenback，這是蔡斯任期內出現的美元常見暱稱，因為紙鈔其中一面使用了綠色墨水，這種顏色被視為穩定的象徵），使得美鈔遠勝過南方發行的紙幣。事實上，林肯的貨幣滲透到南方，結果把邦聯（Confederacy）搞垮了——因為每個人都願意接受上面印著蔡斯寬額頭和凹陷下巴的鈔票。沒多久，這位財政部長就用自己獲得的新能力，無限量發行紙幣，每天製造出兩百萬美元的鈔票。

林肯政府所運作的民主制度處於草創期，且面臨了它第一個、或許也是最費力的考驗。儘管如此，蔡斯在南北戰爭期間仍奮力復甦政府財務，使美國賦予美元價值、也從美元得到力量，藉此邁向統治世界之路。美國的現金採用一度被認為很激進的紙鈔概念，來代表支付的承諾，結果它（而不是金、銀或其他珍貴金屬）成了「完全信任」與「美國政府信用」的代表物，而此時美國正要取代英國成為世界最大經濟體。

蔡斯在美元演變所扮演的角色就到此結束了。最後，一元美鈔不再印著他的肖像，反倒是林肯出現在我們今日的五元美鈔上，繼承了那個時代的遺產（不過蔡斯這個名字依然無所不在，多虧了他有一位老友替銀行取了這個名字，藉此向他致敬）。這之後要再過八十年，美國才會成為全球金融體系的基石。這八十年間的經歷包括了美國中央銀行體系的設立、金本位制回歸，以及金本位制突然被廢棄。

如果想了解美元如何在兩百五十年內協助美國主宰世界（並且成為美國對付獨裁者和專制者最強的地緣政治武器），你就必須了解美元是怎麼被賦予這種力量。

讓美元成為世界的儲備資產

如果你隨便詢問一位經濟學家：「我們今日所知的全球經濟秩序是如何誕生的？」他們一定會告訴你「布列敦森林會議」的故事。這段故事始於另一場戰爭的結束，當時來自世界各地的厭戰官員們，一同聚集在美國東海岸一座鄉間滑雪度假村。盟軍從法國諾曼第（Normandy）登陸（二戰的轉捩點）不到一個月，美國就邀請盟軍四十四國的經濟官員，在新罕布夏州（New Hampshire）一間名叫布列敦森林的度假村開會。超過七百三十名官員飛抵現場，他們都抱持著明確的使命：為多國經濟合作擬定藍圖。一九四四年，他們在華盛頓山飯店（Mount Washington Hotel）開了超過二十一天的會議，最終重塑了世界的格局。

到了一九四四年，美國已經準備要成為地球上最強的國家。這個國家被某些人稱為「搖籃中的海克力斯（Hercules）[7]」，現在準備要行使它與生俱來的地緣政治權力，並利用其個頭、財富和生產能力來統治世界。它本來只是為了奮力擺脫英國君主政體高壓統治、團結起來的少數殖民地，如今已蛻變為由憲法所支撐的民主國家，不但撐過南北戰爭，還成功將四十八州團結起來，成為組織性聯邦。它不但是世界最大經濟體，還控制了全球三分之二以上的黃金儲備量（這多虧了加州淘金潮）。美國也是唯一一個從兩次世界大戰灰燼中崛起的強權，因為國內的基礎建設幾乎毫髮無傷，而其他所有國家多數都遭受了嚴重的損傷。

時任美國財政部官員哈里．迪克特．懷特（Harry Dexter White）借助了這股力量，讓萬能的美元成為地球上最重要的貨幣。

《布列敦森林制度》（*Bretton Woods System*）協議正式於七月二十二日生效，它宣誓承諾終結兩次世界大戰以來經濟民族主義的時代，而這項承諾的核心正是新生的全球霸權——美國，以及它的貨幣。懷特代表了美國這隻巨獸，將美元置於世界新制度的中心，維持與黃金之間的兌換關係。這個新制度設立了兩個跨國機構：國際貨幣基金組織和世界銀行，並建立了國際貨幣體系，確立了新經濟秩序中關鍵的三個組成分子。

這基本上就是將美元「加冕」為全世界的儲備資產，也就是整個金融體系的基礎、必用的貨幣。在布列敦森林會議期間，眾人議論著「統一創造不屬於任何國家的世界貨幣」是不是一個更好的選項。但懷特身為戰後金融秩序的籌劃者，他借助美國的規模，以及美國將提供最多錢，來資助國際貨幣基金組織和世界銀行重建活動的事實，促使這群人將美元尊為全世界的儲備資產。這也使得黃金的地位次於美元——黃金在當時被人視為上帝的贈禮、讓商務邁向文明。美國持有的大量黃金，給予美元強大的購買力。美元能夠把黃金當成靠山，使美元理所當然被選為容易轉換的全新儲備資產，讓各經濟體可以依靠它。

聚集在布列敦森林的經濟官員，同意將他們的貨幣依附於美元，而不是直接依附於黃金。作為交換條件，小羅斯福（Franklin D. Roosevelt）執政時的財政部長小亨利・摩根索

7 編按：海克力斯是希臘神話中的半神英雄，意譯為「大力士」或「大力神」。

（Henry Morgenthau, Jr），承諾將美元定價為「一盎司黃金換三十五美元」。

就這樣，美元坐穩了全球金融體系的中心位置。現在財政部要負責將各國團結起來，成為相互依賴的和平經濟體。接著美國將會建立全球性的金融和軍事保護傘，降低再度爆發世界大戰的機率。作為回報，美國也將開放巨大的市場，讓全球消費者以美元交易美國的產品和服務。

印紙幣的鬼點子成功了

布列敦森林會議之後那幾年，美國的經濟一飛沖天。從二戰結束到一九七〇年左右，美國人口成長了六〇％以上，幾乎占了世界生產總值的四分之一。在這三十年間（被稱為資本主義的黃金時代），美國經歷了生活水準的大幅提升、以及中產階級人口的增加；販售芭比娃娃（Barbie）、播放《我愛露西》（*I Love Lucy*）等熱門影集的電視，這些元素幾乎進入了每一個美國家庭的客廳。這個經濟體更是有超過軍事支出兩倍的金額在支持，鞏固了美國所扮演的角色：**全球儲備貨幣的持有者，以及世界安全的維護者**。

這段時期強化了「信用良好」這個承諾，意味著當時蔡斯「印紙幣」的鬼點子成功了。這段黃金時期也強化了財政部長小亨利．摩根索在一九九四年布列敦森林會議上的絕對誓言：一個健全的國家將會負責保管全世界最重要的資產。美國是經濟與外交安全的來源，也是令人羡慕的民主政府典範。其政府底下的關鍵機構（像是中央銀行）都獲得法定的獨立性，得以免於受政治介入。美國已經展現自己有能耐持有全世界的儲備資產，讓美國的國力與美元的首要地位變得密不可分。

但一九七〇年代的動盪，迫使美國必須證明自己的實力。一九七一年，為了緩和通貨膨脹（接下來十五年，政策制定者都為此傷透腦筋），尼克森總統廢除了金本位制，因為他擔心自己沒有足夠的黃金去支應外國持有的美元。這樣做等於將世界拉離了布列敦森林協議所建立的固定匯率制度（綁定黃金的價格）。由於尼克森的改革，世界被推向浮動匯率制度，這意味著市場會基於供需來決定貨幣的價值。這是戰後經濟組織（布列敦森林會議的共識）的重大轉變，也表示成長與繁榮的黃金時代要結束了。

尼克森的決策所造成的動盪，以及隨後為了緩和通膨進行的抗戰，導致美元的價值太強勢，美國國內外的政策制定者都為此感到不安。一九八〇年代，又經歷了一波動亂，使美國的權力幾乎達到巔峰。

貨幣緊縮與擴張

截至一九八五年的五年期間，美元的價值和其他四大貨幣（法國、英國、德國、日本）相比漲了五〇％，這對於美國經濟造成了部分損傷，尤其是出口商品到其他國家的產業，例如製造業和農業。

美元增值意味著美國製造的商品（像是車子和電子產品）都貴到買不起，而其他國家因為貨幣價值沒這麼高，產品就相對便宜。以索尼（Sony）的Walkman隨身聽為例，它是日本科技公司的產品，一九八五年時比美國製造的仿製品還便宜二五%左右。

製造業和農產業受到重創，農業貿易淨額縮水了一半以上、美國的製造業勞動力裁減了將近四分之一。從一九八一到一九八二年，美國與全世界處於二戰之後最嚴重的經濟衰退。

美國的高利率使美元飆漲，而始作俑者是聯準會主席保羅．伏克爾（Paul Volcker）的緊縮貨幣政策（目標是讓經濟擺脫通膨），以及雷根總統的擴張性財政政策。儘管財政部介入、打算弱化美元，卻仍不足以緩和來自國會保護主義的壓力。當時有位德國官員說，美國政府是「善意忽視」（benign neglect）美元的強度，但雷根並沒有發現強勢美元所帶來的問題，至少沒有馬上發現。在一次記者會，有人問他對於美元價值過高的看法，他說這是「一種福氣」。保護主義正在國會肆虐，一位民主黨參議員說，美國人比較偏愛「不會痛扁他們的軟弱美元」，並且提到五年來，國內各地農業與製造業的利潤，和就業機會都不斷減少。

在這動盪之際（雷根第二次就職期間），詹姆斯．貝克匆促宣示就任財政部長——宣示地點在他家地下室（位於華盛頓特區），而不是橢圓形辦公室。政府的經濟團隊已決定視「修正美元強度」為關鍵任務，而假如雷根想復甦美國經濟，貝克就必須上工。

積極且祕密的干預貨幣

詹姆斯．貝克，美國第六十七任財政部長，大學期間曾在經濟學考試不及格。他是一位冷酷的政治人物，結交了許多共和黨的貴族朋友。他願意採取挑釁的姿態守住自己的權力，哪怕這樣幾乎是在藐視法律和政治權威。一九八四年，當時擔任雷根總統幕僚長的貝克，明白且祕密的指示聯準會（全世界最具影響力的貨幣權威）主席，在雷根連任之前不要調漲利率。這是一場豪賭。光是「看起來」像以政治理由干預聯準會的行為，就已經很危險了，但貝克顯然願意冒一切風險來確保雷根連任。結果伏克爾主席無視他的要求。

這個男人的性情就是這樣。他在一九八五年當上財政部長，此時美元比其他貨幣強勢許多，使得世界上權力最大的人們必須祕密聚會，並一致同意削弱它。

這場會議祕密到雷根大多數的內閣官員都不知情——貝克與四個最有錢國家的財政部長，在曼哈頓廣場飯店（Plaza Hotel）那闊氣的黃金會議室（Gold Room）內聚首。日本、西德、英國和法國敲定一項協議，集體降低美元的價值，並減少美國的貿易逆差。各國的中央銀行攜手合作，在公開市場買進足夠的美元、使它貶值，讓外國人買得起美國商品。這也讓外國政府更容易償還以美元計算的債務。

這項《廣場協議》（*Plaza Accord*）太有效了，不到兩年美元就貶值了四〇％，因此必須有人主動將這項計畫顛倒過來。同一組國家的財政部長們選擇巴黎羅浮宮作為第二次祕密會議的場地，他們一致同意要集體努力，阻止美元貶值（但這次要努力好一陣子了）。

到了一九八七年，任期進入第二年的貝克已經成功馴服了美元。正當世界準備要全球化之際，貝克證明了美元的支配地位（這個概念反映美元在全球商務的普遍性）已根深蒂固，因此它將會把所有經濟體團結起來，藉此成功控制貨幣交易人。貝克已經種下更多整合經濟的種子，這個經濟體受到自由貿易驅動、並由美國領導，將會在接下來十年培植起來（不可否認，一九八〇年代的貨幣干預〔先阻止美元增值，再阻止美元貶值〕有負面效果。日本接下來至少十年都身受其害，因為它必須應付出口產業隨之而來的轉變）。然而有一批關鍵選民，因為上述所有鬼鬼祟祟的貨幣政策而吃盡苦頭，他們不久後就會開始反抗了。

政府積極且祕密介入，想要管理美元和其他貨幣，這種模式使得外匯市場（唯一重要的事情是獲利）必須不斷猜測政府何時會干預、害他們慘賠。在廣場飯店和羅浮宮簽訂的協議，揭露了財政部長們有一個未公開的匯率指標，而他們願意為此而戰，無論是口頭向市場示意他們即將介入，或是真的利用貨幣儲備來管理匯率。交易人開始過度解讀政策制定者每一次的嘆息或欣喜，推測出各國政府想藉由貨幣達到什麼目的，並企圖在另一次的祕密飯店協議（或許會導致全球外匯市場的緊張波動）簽訂前就搶先交易。

例如有一次，尼古拉斯・布雷迪（Nicholas Brady，雷根最後一年任期的財政部長，後來又擔任老布希總統〔George H.W. Bush〕的財政部長）不小心讓反彈的美元又跌回去，因為他對市場波動發表輕率的言論，對貨幣交易人來說，聽起來就像財政部長喜歡弱勢的美元。投資人擔心迎來另一次多國介入，於是趕緊賣掉美元，結果造成它短暫貶值。貨幣價格的反彈令人不安，但財政部努力抑制這種市場波動，反而在接下來幾年產生反效果。一般民眾不會注意到財政部和金融專家之間的角力，但是接著發生的事情，將會預告往後數十年經濟面上的成敗。

二戰最後一年，布列敦森林會議的決策，讓美元跟英語一樣重要且普及。這表示想找個安全的地方存放現金的外國人，可以永遠指望美國，讓美國政府能夠便宜借到錢、然後花大錢建立更好的未來；背負巨額債務的國家當中，也只有美國成功說服投資人做這種事。美國至今仍享有這種「權力循環」：大家信任美元（還有美國的民主政府），讓美國可以用便宜的債務來融資，再用這筆錢購買最先進技術研發出來的醫療設備，以及飛機、iPhone 等新發明。這一切都是自由市場的創新以及超強國力（保障國家免受外敵威脅）所推動的。這種投資增強了美國的經濟、軍事和科技才能，讓它的經濟（以及美元）更具吸引力。

但這種權力也帶來了巨大的責任：世界要求美國成為一個繁榮的民主國家。全球市場與美國公家機關的廉正程度密不可分，由制衡原則和法治所組成的制度，則間接負起了治理這個市場的責任。基本上就是透過監管美元，讓美國來扮演裁決這個世界金融體系的角色。

這也意味著美國必須給其他國家一個交代：財政部要能夠成功駕馭美元，使其和美國的軟實力、強勢貨幣的支配地位名實相符。

第三章

笨蛋，問題出在經濟的柯林頓政策

你不能讓素質良好的貨幣持續跌下去。一九八九年，外匯交易人向美國財政部傳達這項訊息。他們在意的問題在於，政策制定者擔心美元過於強勢。

尼古拉斯·布雷迪是連續兩任共和黨總統的財政部長，他認為高價的美元會對經濟造成巨大的負擔。雷根任期頭幾年、美元變得非常強勢時，製造和服務業的工會與藍領工人，開始呼籲實施進口關稅等保護主義政策。

其他國家的財政部長（像是西德和日本）也偏愛弱勢美元，部分原因是這樣比較容易償還以美元計算的債務。但實際上，每當這群人在任何交易過程中發現「美元價格獨立」的跡象，都會感到困惑又迷惘。在某次事件中，美元開始走弱之際，幾個大國迅速團結起來：日本官員口頭介入來支撐美元，而美國財政部與聯準會合作，在公開市場買進美元，打算藉由減少美元供給來提高其價值。

投資人已經受夠了這些世界領袖的控制狂傾向。與其操縱美元、將它維持在特定水準，現在應該要採取匯率完全自由浮動的制度，也就是由市場決定價格。這意味著應該由自然的供需，而不是政府官員決定價格，尤其貨幣干預其實直接與經濟條件的自然訴求相衝突。聯準會正在維持節節高升的利率，這會吸引外資進入美國（因為美國付的利息比較多），於是美元的需求和價值就增加了。

穩定匯率的方法

交易人多半只希望政府別再一直試圖反抗自然貨幣流動的浪潮，但政策制定者聽不進去。他們反而一直要求「匯率穩定」，儘管自己正是每星期要交易人好幾次的元凶。他們把市場當成學習走路的小孩。「要冷靜、要小心、要溫和。」一位白宮發言人說道。但**貨幣價格擺盪就是政府的行動造成的。這段時期內，有時最多會有九間中央銀行一起跳進來控制美元，而且是反覆控制。**當市場的每日貨幣交易量迅速增加、使各國政府必須下手更重才能控制價格，他們就會變得更積極。

於是他們採取一些沒有條理的措施，想讓市場平靜下來。

「財政部變得太喜歡介入，而且介入失敗時又需面對自己所造成的尷尬窘境。」一位批評者說道。財政部長和央行總裁正在自討苦吃。經過好幾年的爭執、最後財政部被投資人狠狠的修理之後，大官們才明白，假如他們想要穩定，就別再插手了。

短短幾年後，大官們就受到這樣的指責，而且這次教訓實在太可怕，其結果變成世界各地的經濟政策教科書。英國政府積極管理英鎊數年之後，交易人之間開始出現一種說法：英鎊的價值或許比政府允許的還低很多。一九九二年九月十六日（老布希總統快要因為經濟衰退而無法連任），投資人喬治・索羅斯（George Soros）和一群志同道合的投資人們，在短時間內大量拋售英鎊，狠狠反擊政策制定者並轉占上風。事後大家將這一天稱為「黑色星期三」（Black Wednesday）。

索羅斯發動這項大膽的計畫，利用他覺得價格太高的商品來賺錢。結果英鎊價值崩跌，這個曾經備受尊崇的貨幣就這樣被糟蹋。一百億美元的賭注，迫使保守黨執政的英國政府放棄跟歐洲簽訂協議（協議目的在於統一歐洲的經濟）。索羅斯的豪賭，讓英鎊在一天之內大跌了將近五%；他自己賺了十億美元，而英國財政部賠了三十三億英鎊（約等於現在的一百億美元）。執政的保守黨因而下臺，世人也因此發現，就連有錢的強國都無法逃過弱勢匯率失控時帶來的禍害。

在這個背景下，一九九三年，也就是英鎊差點變廢紙的一年後，美元也貶值了好一陣子。弱勢貨幣才剛顛覆了英國的政治，美國人很怕同樣的事情發生在他們身上。

不久之後，美國財政部的官員終於明白，試圖操縱市場就會受害——因為這樣做只是處理經濟問題帶來的副作用，而不是處理經濟衰退帶來的問題本身。就在這個時候，民主黨有了新的經濟信條：強健的經濟是由政策支撐，而政策的目標是完全就業、穩定（因此可預期）的成長、以及平緩的通貨膨脹。這表示政府應該制定政策來吸引企業投資和消費者支出（透過稅賦和監管政策、預算縮減、福利計畫等），而不是試圖在貨幣市場作弊。如果自由選舉以及獨立的機關和法院會讓民主國家更強大，那麼這個國家的貨幣市場也應該要有同樣的自主權。真正自由的美元（被允許隨著供需力道而漲跌）能使財政部更專心找出經濟衰弱的原因。

一九九三年一月，柯林頓入主白宮時，美元已經是全球金融和貿易中難以撼動的力量。跨國企業和金融機構間的交易，有將近一半都是以美元結算，剩下的交易則分散到其他一百種以上的貨幣。窮國的貨幣通常都小到難以吸引投資，於是他們逐漸改用美元賣債券來資助公共支出。所有事物的價格（原油、穀物、公司股份）都開始由美元決定。

一九九〇年代，世界各地有許多貨幣波動，而在這樣的背景下，美國的貨幣政策以及它與市場交錯的方式，變得空前重要。而這種市場與政府之間的關係需要被改善。

「債務義勇軍」的影響力

儘管當時柯林頓總統是全世界權力最大的人，他在第一年任期內卻被一群魯莽、渾身是汗、嗜錢如命的男人給欺凌。這個小圈子在曼哈頓的摩天大樓，以及倫敦十六世紀的厚牆背後，居高臨下的運作著，他們的權力和影響力都是以數億美元起跳。圈子裡頭這些人的真實姓名甚至不重要，他們以凶惡的綽號（例如「人間食人魚」〔Human Piranha〕）著稱，大家都說他們一旦露面，就是「準備要咬掉一隻熊的屁股」。他們在所羅門兄弟銀行（Salomon Brothers）以及高盛集團公司（Goldman, Sachs & Co.）的前身工作，平均每天黏在電腦螢幕前十六小時，豪賭數十億美元。他們在霸凌年輕人的文化中運作，擁有大學兄弟會那種欺負學弟的招數——差別在於，這個小圈子的領袖們擁有任意處置天文數字的財富，大學生不行。作家麥可．路易士（Michael Lewis）在著作《老千騙局》（*Liar's Poker*）中，形容這個圈子的所有人都想成為「大牌交易人」（Big Swinging Dick），而女性完全沒有權力。

他們是「債券義勇軍」（Bond Vigilantes）。到了一九九三年，他們已經累積足夠權力，能夠在華盛頓特區施加政治影響力。

柯林頓意外選贏了現任總統老布希，順利入主白宮。在民意的授權下，他制定了「笨蛋，問題出在經濟」（It's the economy, stupid）議程：這個極具野心的計畫，打算減少美國中產階級的租稅負擔，而新總統希望這個計畫能盡快變成法律。他所屬的政黨在國會參眾兩院都占多數，這位年輕帥氣的阿肯色州民主黨員，正準備要重新整頓華盛頓。

只不過有一個問題：市場很討厭柯林頓的計畫。

為什麼紐約和倫敦交易大廳裡的一群賭徒，對總統、國會和聯準會的看法如此重要？因為投資人的認同與否，足以代表民眾對經濟政策制定者的每日意見調查，他們會即時表態哪些政策對經濟有利或有害。在這個體系中運作的人們，有各種不同的稱呼，這些稱呼全都被用以形容同一類群體：無論你統稱他們「華爾街」、「交易人」或「債券義勇軍」（一九八〇年代一位經濟學家如此稱呼他們），他們全都屬於同一張錯縱複雜的網絡，延伸到世界各地，買賣任何有價值的東西（股票、債券、大豆、豬類期貨）以獲取利潤。交易人做出的判斷具有巨大的影響力：他們每天都用電腦進行無數次即時交易。而他們之所以能夠瞬間做出評估，是因為他們經常埋頭分析新聞頭條、政府機關的資料、聯準會，以及美元對其他貨幣的匯率。索羅斯在黑色星期三就示範過了：投資人可以買進或拋售價值數百萬美元的債券，他們做出的決策可能會決定一個國家或一間公司的生死。

一張債券終其一生會被轉手好幾百萬次。每當它在金融市場被買賣時，價值都會變化、並反映在「收益率」（yield）這個數字上，而收益率代表投資人藉由投資賺取的年度收入。

風險比較高的債券（例如鏽帶那些衰退城市的市政府，或是開發中國家所發行的債券）收益率也比較高。這種概念就像青少年駕駛人每年必須多繳點錢給保險公司作為補償，因為他們邊開車邊滑抖音（TikTok）動態、追撞另一輛車的機率較高。這些債券因為風險高，通常比較便宜。越安全的債券（就像從來不超速，而且一定會打方向燈的駕駛人）價格越貴，收益率則越低。

不過作為標準的是十年期公債，一般來說會把它當成分母來衡量其他所有債券。

自從亞歷山大．漢彌爾頓（Alexander Hamilton）那個時代，美國財政部就已經在拍賣債務，或是跟國內外投資人借錢，以支付美國龐大的軍事、公共建設（像是建造高速公路或橋梁）、以及其他政府運作的費用。這種債務被稱為「公債」、「票據」或「債券」，每年支付利息作為放款人的收入；它們的到期日從幾個星期到三十年都有。隨著全球金融體系的演進，十年期公債成為其他無數種債券的定價標準。銀行把它當成基準，借錢給美國民眾，讓他們購買房子、車子，以及透過信用卡融資。大致上來說，這些公債如果利率太高，就會限制成長、並傷害美國的中產階級，但低利率就能潤滑經濟。

柯林頓的新計畫

市場為什麼對政策制定者如此重要？這個問題可以用債券運作上的複雜循環來解釋：如果十年期公債的收益率很高，那麼房貸和車貸等其他債務的利率也會很高。當大家要繳更多貸款，他們就會少買一點家庭必需品，更沒有餘裕去儲蓄或買奢侈品，而這一切最終都會阻礙經濟成長；可是當相反的情況發生、投資人希望十年期公債少付點利息時，成本就會降低。大家可以少繳一些貸款，也就有更多現金可以花在別的地方。與此同時，企業為了投資而舉債的成本也降低，而來自私人企業的投資會創造更多就業機會。簡單來說：更高的利率會減少可支配所得，因為家戶必須付更多房貸和信用卡貸款，而這個問題會使他們想要懲罰現任總統。

到了這個循環結束之際，聯邦政府就能因為經濟成長而增加稅收。這讓公債的投資人對美國管理財政的能力更具信心，進而降低利率。

因為這樣，那些希望美國經濟整個繁榮起來的人，都非常想要將公債的收益率維持在低點。

一九九三年，債券義勇軍拒絕了柯林頓復甦經濟的計畫。**對華爾街來說，柯林頓幫中產**

階級減稅是一步險棋，將會威脅到美國債務的穩定。他們擔心這樣做只會讓美國的赤字（也就是政府支出超過稅收與其他收入）**雪上加霜**。華爾街認為，赤字增加的話，他們的投資就要冒更大的風險，因為債券價值將來下跌的機率變高了。柯林頓揭露他的經濟計畫時，債券交易人最擔心的事情就是通貨膨脹。對他們而言，看起來就像美國政府正在投資一項負債累累、衰退且毫無方向的事業。交易人嗜錢如命，厭惡美國政府那不切實際的計畫（發行大量債券來借錢復甦經濟），於是他們越來越不想買公債。他們希望政府保證美國債券是安全的投資。

但柯林頓跟他的幕僚都覺得，這些疑慮很好解決或無足輕重（或兩者皆是）。失去的稅收就只是為了振興經濟而支付的「頭期款」而已，畢竟過去五年經濟只成長了一三％，有八百四十萬名美國人失業。但由於這些債券在市場上供給太多、需求太少，政府被迫提供更高的收益率（以及更高的投資報酬率）來吸引買家。

從一九九三年下半年（債券交易人剛開始摸清楚柯林頓的經濟計畫）到一九九四年年末，十年期公債的收益率從五．二％漲到八．一％。換言之，華爾街的「大牌交易人」很害怕柯林頓的願景所帶來的風險，因此他們想要更大的保險政策，才願意投資在實施這個計畫的國家。

對柯林頓的團隊來說，這真是嚴酷的教訓。他麾下其中一位頂尖政治策略專家詹姆斯．卡維爾（James Carville）當時說道：「我之前覺得假如能夠轉世，我想轉世成為總統、教宗或四成打擊率的棒球員。但現在我想轉世成為債券市場，因為這樣就能威嚇所有人了。」

於是**柯林頓總統徹底修改了他的經濟提案，內容大多數由魯賓操刀，他在高盛時是債券市場專家，當時擔任白宮國家經濟委員會的首任主任**。柯林頓放棄替中產階級減稅的承諾，改用其他手段來緊縮開支，這都多虧了那群在金錢世界割喉廝殺的義勇軍們。

這項嶄新、複雜、大膽的計畫，大致分成兩部分。

第一個部分是為了安撫債券義勇軍而修訂的提案，改成減少國家的赤字、並致力於平衡預算。柯林頓希望政府的支出低於收入，這樣就能抑制長期的債券利率。這表示便宜的現金會流遍整個經濟體。如果投資人降低政府債券的利率來回饋這項新計畫，那麼整個經濟體的借款利率（像是房貸和公司信貸）都會下跌。如此造成的經濟擴張，將會鼓勵更多人投資美國，提升美元價值，進而抑制通膨（因為美國能夠進口更便宜的外國貨）。只要控制住通膨，聯準會就能維持低利率，進一步振興經濟。

這項計畫的第二部分，就是向民眾傳遞訊息。

柯林頓的團隊不只是必須為將來的經濟採取有利行動，還必須再三提醒所有人，這個團隊在做什麼。這個訊息必須簡潔扼要，還要表現出強勢、自信和冷靜的感覺。

他們需要一套新方法。但積弱不振的美元會先跌得更慘才能反彈。

第四章

維持美元最高地位的魯賓經濟學

柯林頓任內的第一位財政部長小勞埃德・本特森（Lloyd Millard Bentsen, Jr.），是柯林頓政府自吹自擂經濟團隊中最平凡的成員。本特森自一九四八年起就已經擔任公職，包括四屆德州參議員及財政部長。他英俊瀟灑，兒時當過鷹級童軍[8]（Eagle Scout），二戰期間指揮過六百人的中隊。但在一九九〇年代，他在政策制定方面嘗到了失敗的滋味。

本特森宣誓就任美國第六十九任財政部長時，美元遇到了極大的問題。一九九四年，美元持續暴跌，把經濟學家搞糊塗了，因為聯準會調升利率，理論上應該會讓美元上漲才對。但投資人擔心，即使美國已經從連續八個月的衰退中恢復，經濟成長依舊緩慢。他們也擔心貨幣危機可能再起，這些危機之前已經使政局不穩定，還傷害英國的經濟好幾年。

美元因為這樣而走弱，到了本特森的任期居然還惡化，針對這個趨勢，本特森說了一句話，表面上聽起來無害，卻嚇壞了金融專家，畢竟政府的介入或騙術總是令他們坐立難安。

「我想看到更強勢的日圓。」本特森說道。他想要勸告日本官員，別再磨嘴皮讓日圓下跌，以推動日本自己的製造產業。但這句話，卻完全說中貨幣交易人既有的恐懼和偏執，於是他們拋售美元並搶購日圓，使得美元對日圓的匯率跌至二戰後的新低。只要政府有可能採取行動讓美元全面貶值（例如財政部在一九八五年幹過的事情），他們都想搶先逃跑。

強勢美元符合國家利益

一九八〇年代的世界經濟霸主們，在時髦的曼哈頓飯店或巴黎的美術館舉行管理美元的祕密會議，但貨幣制度下一次轉變的舞臺就低調了許多。一九九四年，柯林頓的經濟顧問委員會主任魯賓，經常在他位於白宮西廂的狹窄辦公室內，跟財政部同事開會討論該用什麼策略來穩定貨幣市場，並且強化美元。

辦公室燈光昏暗、鼠滿為患，一點都不氣派，但與會者所制定的政策，遠遠超過亡羊補牢的程度。這些與會者通常包括了財政部其中一位次長勞倫斯・薩默斯（Lawrence Summers）、財政部公務員蓋特納（這兩位後來都當上了財政部長），以及羅傑・奧爾特曼（Roger Altman）——他暫時卸下投資銀行家的身分，擔任財政部副部長。

這些討論都發生於世界各地的貨幣危機之際：英鎊被索羅斯突襲後正在恢復，接下來換墨西哥的披索和亞洲貨幣遭殃。

那十年間，外匯市場似乎一直都很混亂，這是政府愛管閒事造成的財政管理失當、以及投資人的投機行為所共同導致。一九九四年夏天，當魯賓在他狹小的白宮辦公室跟同事討論貨幣政策時，發現弱勢的匯率會使人留下「這個國家很弱」的印象。各國政府（包括柯林頓

8 編按：鷹級童軍是美國童軍階段計畫中，所能拿到的最高級別。

政府）都必須面對一種預期心態：貶值的貨幣會反映出一個國家的政治和經濟健全度，甚至還可能迫使政權交替。

但美國和它的盟友，已經沒有傳統方法可以解決美元問題了。過去幾年來，財政部長們利用國家的準備金，在公開市場交易以加強或削弱其貨幣力道。但政府積極介入的年代，正在慢慢步入終結。

財政部的貨幣儲備（這筆錢就是用來進行上述交易），不足以跟數兆美元的交易金流（現已支配了外匯市場）相互抗衡。魯賓覺得，最好允許美元的價值反映出投資人對於美國利率、成長率、赤字、通膨和就業率的預期。而這正是交易人想要的。

但是允許市場獨立定價貨幣，就表示美國的政策又要看華爾街交易人的興致和心情了。為了約束他們的干預，柯林頓的經濟團隊必須改善自己的陳述。假如他們能說服交易人「美元應該要有穩健的價值」，就能補強政府振興經濟的策略。

此外，這次政策推銷還有另一個重點：過去十年來，政府官員對於匯率目標有著祕密偏好，而他們會制定政策來達成這個目標。為了讓自己的險招奏效，柯林頓政府必須說服交易人「這場賽局不再受人操縱」，因此他們應該要完全相信政府的努力，而不是去分析官員的字句，以求挖出祕密的消息和會議。

要說服這些投資人是一項困難的挑戰。當時在財政部擔任公務員的蓋特納，覺得投資人認為民主黨更可能在貨幣市場中賭博，把貨幣當成快速經濟成長的工具。這會讓局勢變得凶險，而假如美元在利率上漲時卻莫名其妙的走弱，那就更糟了——以前這種環境會讓抱有政治動機的政府，擔心政治是否變得跟賽馬一樣，以及選民是否允許政府介入。蓋特納警告，風險在於就連最輕微的言論或行為，都可能讓已經很緊張不安的市場更加失控，就像本特森聲明自己想要弱勢日圓後嘗到的苦果。所以關鍵目標是傳達一個訊息：穩定。

魯賓與其團隊想要提出一個表述，強力到足以讓民眾覺得市場穩定，卻不必把美國政府綁定於任何特定水準的匯率。整個炎熱的夏季，魯賓跟他同事都在努力尋找一個可以引起市場共鳴的訊息。最後奧爾特曼想出了那個勝利口號：「強勢的美元符合我們的國家利益。」

就這麼短短幾個字，但正因為它簡潔有力，所以很完美。

奧爾特曼的聲明並沒有含蓄提及美元要維持某特定價值，因為根本就沒有什麼特定價值。這句話只是簡單示意說，強勢匯率（無論市場供需決定美元是什麼價值）是一種抑制通膨的方式。強勢美元表示進口品非常便宜，它會給予美國民眾與企業無與倫比的購買力；而一貫且明白支持強勢美元的政策（以及減緩介入速度），可以協助抵銷眾人對於十年期公債收益率的惱人疑慮。如果政府全力維持其貨幣的強勢，投資人就會對美國發行的債券更具信心。

「這項政策設計成任何情況都能夠適用。」幾年後蓋特納說道：「它是在聲明我們的大方向——我們不會試著人為操縱貨幣貶值、把它當成取得經濟優勢的手段。」

這樣將能夠造成良性循環。更低的利率以及健全的經濟，將會為聯邦政府產生更高的收入，於是經濟就會更繁榮，稅收也會因此增加，這樣的話就能還清債務。魯賓唯一要做的事情，就是說服投資人這樣有效。

「強勢美元」口號成為主流

雖然只有短短幾個字，但這個強勢美元口號，幾個月後就成為了主流經濟思潮。

它始於一九九四年七月八日，義大利拿坡里。柯林頓總統跟世界領袖們開完經濟高峰會，首次在接受記者提問時透露了「魯賓咒語」背後的邏輯：「我們最近已經參與了兩次貨幣干預，而我們發現它們有時效果很小，有時卻能產生真正的差異。」柯林頓說，他認為干預所產生的甜頭，最後還是會被經濟的基本面給抵銷。他主張，最好的做法是穩定美元和其他重要的世界貨幣。

「過去幾年來，我們在其他貨幣的場合遇上了些嚴重的問題，而大型介入行動無法扭轉這個情況。最好的方法就是向市場示意，我們正在努力改善經濟的基本面、嘗試構築經濟。」柯林頓藉由這句話告訴交易人，政府正在收手、不再干預貨幣市場，並且把重點放在經濟上。魯賓與其市場專家團隊，提出這個細膩卻簡潔的方法，顯然脫離了柯林頓剛上任時，那種隨心所欲的風格，並且證明這位年輕的總統正學會以巧妙的言詞進行表述。

柯林頓藉由提起「經濟基本面」，彌合了「經濟學家深奧的世界」與「令政治人物傷透腦筋的實務考量」（就業市場的力道、價格是否上漲，以及經濟的整體健全度）二者間的差距。柯林頓正在替魯賓的強勢美元口號奠定智識基礎。

柯林頓學到的教訓是，他必須專注於問題本身，而不是副作用；後來他在拿坡里跟記者對答時就清楚表達這件事。柯林頓繼續說：「美國的政策將以務實的方式，長期強化美元，但也會強化其他貨幣……我真的很想要定價合理的美元。」

接著柯林頓無可挑剔的釐清自己的重點：「我不追求弱勢美元。我們沒有刻意這麼做過。沒人試圖用喊話讓美元貶值。」

十二天後，聯準會加入了這個新的公關活動。

主席葛林斯潘和薩默斯攜手策劃了一次雙人快攻，藉此加倍宣揚總統的聲明。在一次例行的貨幣政策國會公聽會中，葛林斯潘說道：「任何美元弱化的證據，對國際金融體系和美國經濟而言都不是好事。」

這句話背後的意思是：聯準會不想要弱勢的美元。

隔天，七月二十一日，薩默斯在國會山莊親口證實此事。他曾經是世界銀行的頂尖經濟學家，如今則是財政部長本特森麾下的國際事務次長，這是一個高階職位，其職權範圍包含貨幣政策。葛林斯潘發言後，薩默斯緊接著向立法者揭曉一段審慎準備過的聲明：「政府認為，只要強化美元對日圓和德國馬克（譯按：一美元約等於一．八馬克）的匯率，就能為美國產生重要的經濟利益。」

這句話背後的意思則是：財政部不想要弱勢的美元。

薩默斯繼續說道：「更強勢的美元，將會重振金融市場的信心，而這對於維持經濟復甦來說非常重要。它會增加美國資產的吸引力，以及長期投資於此經濟體的誘因，這樣就能將通膨維持在低點。」此外，他主張七大工業國組織（Group of Seven，世界上最富裕、最有影響力的國家的集合）[9]的其他成員國都同意，更加弱化美元將會對全球經濟復甦「產生反效果」。

翻譯成白話文：強勢的美元對美國是好事。

投資美國的安全保證

接下來五個月，美元增值了，因為投資人喜歡政府的策略。本特森宣布他打算辭去公職，並提到擔任財政部長的時光，是他將近五十年公職生涯中的頂點。於是「讓民眾完全贊同新陳述」這個重責大任，就落在強勢美元政策的構思者身上，他的政治影響力就跟美元一樣不斷膨脹。

此人正是魯賓（出生於佛羅里達州邁阿密海灘，費盡心思發展總統的經濟願景，是一名關鍵角色），而柯林頓請他接掌財政部。

為了這次提名，參議院財政委員會召開了意義重大的確認聽證會，立法者不只要評估魯賓本人，也要評估柯林頓的整個經濟政綱。

一九九五年一月，魯賓做好了充分的準備來到聽證會。新政府上任的頭兩年，這位被提名人在擔任白宮高階職位時，肩負協調經濟政策的責任，因此逐漸認識了監督財政部的議員們。那段時期，魯賓的行程表排滿了兩黨立法者的會議，因為他試圖深入了解華府內部他最不熟的部分——國會山莊。

魯賓非常熱衷於這件事。因為意識到自己的脆弱，他經常主動尋求建議。他在白宮的辦公桌擺了一本書（內容描述國會撥款委員會的內部運作）方便自己參考，民主黨和共和黨的黨員都稱讚他涉獵的範圍很廣泛。

事實上，魯賓擔任白宮官員時，就已經與參議員建立了足夠的信任度，因此參議員鮑伯·帕克伍德（Bob Packwood，本次聽證會的共和黨主席）在財政部長的確認聽證會中，僅僅進行了十分鐘的問答，就向大眾揭曉委員會已經準備要批准魯賓的提名，不過他們還是希望魯賓能留下來回答問題。

但這項公告並沒有蓋過接下來兩個小時的戲劇性場面。

魯賓坐在德克森參議院的辦公大樓（位於華盛頓特區的憲法大道）二一五號會議室的水晶吊燈下方，他第一次喊出了強勢美元的口號：「強勢的美元非常符合這個國家的經濟

9 編按：當時的成員為美國、加拿大、英國、法國、德國、義大利及日本。

利益。」

從此以後，美國的經濟政策永遠改變了。

這句話將會繼續成為財務部長們的座右銘，在接下來的二十五年，眾人都期望魯賓與其繼任者們能夠把它當成命令來背誦。

它是為了全球投資人而制定的詔令，向他們保證美國的經濟很有力，並且傳遞一項訊息：投資美國（建立事業或是買公債）很安全；另一方面，這項政策也是在促進強勢的匯率，這表示一美元可以買到更大量的外幣。這個優勢可能很單純，就像美國觀光客在國外旅遊期間吃午餐時得到的好處。假如這位觀光客決定買大麥克漢堡，需要支付三英鎊。強勢的美元意味著美國人只要花三．五美元就能換到足以購買漢堡的英鎊。但假如美元很弱，三英鎊可能要用四美元以上才換得到。

世界其他地區才剛發生過貨幣危機，而魯賓這句口號就是在安撫投資人。投資人也回報了魯賓的強勢美元新政策：一九九五年美元開始持續上漲，魯賓擔任財政部長四年間，大約漲了一六%。

魯賓預謀的連環事件開始實現了。柯林頓與共和黨籍的國會議員攜手合作，即使經濟開始復甦，他們還是大幅削減政府支出、減少聯邦預算赤字。十年期公債的收益率，從柯林頓剛上任時的八%左右，到一九九八年只剩四．一六%。再也沒有債券義勇軍了，貨幣市場開始平靜下來，平靜到政策制定者超過二十年沒有干預它。

維持美元最高地位的魯賓經濟學

魯賓的幕僚已經習慣看著他們的上司，在財政部三樓的挑高走廊四處踱步，而且沒穿鞋子。這位百萬富翁經常戴著閃亮袖扣、繫好領帶，衝出三三三〇號財政部長專用辦公室，襪子直接踏在這棟大樓宛如棋盤般黑白相間的巨大走廊上。

魯賓表面上謙卑而樸實，骨子裡是一位精明的經濟大師。他在華爾街巨獸高盛那裡累積了數十年的經驗，五十六歲時前來領導柯林頓總統的經濟團隊。他的出身很完美，足以領導美國的財政，並且加速實現美國夢。

對魯賓來說，接掌財政部意味著他幾乎放棄了自己最大的嗜好。他犧牲了寧靜的週末（本來要去海邊飛蠅釣[10]），搭著政府專機前往北京和吉隆坡，鼓吹對方投資美國；他會沿著大理石地板一路跑到國會山莊，警告立法者，一旦聯邦赤字膨脹會有什麼危險；他會大張旗鼓的推行許多措施，遏止墨西哥和亞洲的金融危機。魯賓接掌財政部的那一刻，貨幣便占據了他議程中非常重要的一部分。

戰後，隨著中產階級開始自世界各地買進商品，世界各國的經濟日益緊密的交織在一

10　編按：飛蠅釣是一種使用極輕的擬餌模擬昆蟲的假餌釣魚，特色為使用有重量的魚線來拋動很輕的假餌，主要針對有食蟲習性的淡水魚。

起。冷戰之後這些趨勢又更提升了速度，因為美國崛起成為資本主義體系的支配力量，如今它統治了全球。

這個嶄新的全球前景頂點，是柯林頓政府的標誌性政策：《北美自由貿易協議》，一九九四年生效。這項協議減少或取消加拿大、墨西哥、美國之間的貿易關稅，因此產生了一個巨大的自由貿易區，而在這之後的下一步，就是要將亞洲國家納入類似的協定關係中（包括中國新加入世界貿易組織等）。

由於美國主導的這些舉措，魯賓必須以全球化為中心，為現代經濟秩序建立準則。根據預測，這次深入的經濟整合將會帶來莫大的利益：人人富有、中產階級人口變多、抑制通貨膨脹、進口品更便宜，更別提文化方面的利益——能夠輕易跨國移動和貿易。為了確保成功，外匯政策的穩定性和公平性是當務之急。所有人都要照規矩來，尤其是貨幣，因為它們的匯率會直接影響一家公司能否將商品銷售到國外賺錢。

魯賓立刻就上工了：一九九五年一月十日，他的妻子朱蒂絲（Judith）擺好《聖經》（*Bible*），然後他將左手放在《聖經》上宣誓；此時橢圓形辦公室已經清場了，這樣新上任的財政部長才能夠指導柯林頓，如何動用兩百五十億美元紓困金來穩定墨西哥披索。

不過魯賓的任期有大半時間都在管理美元。或許是這個原因，魯賓在財政部的辦公桌附近放了一塊牌子，上頭寫著「美元從這裡開始」，藉此每天提醒自己美元有多麼重要。

所以魯賓的強勢美元政策到底是什麼意思？它跟以前的學問和政策有什麼不同？對於魯

賓和他的助手（例如薩默斯和蓋特納）來說，這句口號象徵著廣泛經濟願景中的一部分，通常被人稱為「魯賓經濟學」（Rubinomics）。

這個用來描述柯林頓經濟政策的財政理論，大概是這個意思：平衡的聯邦預算（或至少努力消除赤字）會促進經濟成長，因為它會抑制通膨，進而抑制長期的利率。聯邦支出應該要盡可能透過稅收來融資，以抑制美國的債務負擔。魯賓經濟學也試圖保護外國投資人對美國政府債券投資的數兆美元，以鼓勵大家花更多錢投資美國。

把上述這些東西全部組合起來，就是一項維持美元最高地位的政策。

謹言慎行的財政部長

「今天美元兌日圓走勢相當強勁，對此你有什麼看法？」

一九九七年四月七日，《華爾街日報》（*The Wall Street Journal*）的威廉・莫瑞（William Murray）向財政部長提出這個問題。魯賓人在越南河內一間旅館的會議室，又大又圓的木製美國財政部徽章，釘在他跟記者之間的講桌上。他已經花了三天的時間走訪越南，與財政部長阮生雄和總理武文杰見面，以簽訂一項條約：越南必須償還以前戰爭時期留下的一億四千六百萬美元債務，才能與美國打通較佳的貿易關係。

魯賓花白的頭髮散落在額頭上，他跟胡志明市的學童握手，在河內欣賞了一場文化表演，甚至還讓一位藝術家替他戴上斗笠。

這趟旅程的用意，是想促成開創性的時刻（到目前為止算是成功了），越南的經濟和政治局勢，曾經成為美國參與的血腥戰爭之一的引爆點，進而勢不可擋的塑造了整個世代；現在兩國要和解了。但記者莫瑞（跟著魯賓一起從華盛頓啟程，報導整趟旅程）根本不在乎這件事。投資人才剛撐過戲劇性的貨幣危機（讓英鎊崩盤、還差點掏空墨西哥）。莫瑞知道他們想聽財政部長說什麼。

魯賓乾笑了幾聲，然後開始說道：「我對美元的看法，大家應該都非常清楚。但我還是重申一下……」他知道自己對美元的言論，肯定會將大眾的注意力從他訪越的經歷帶走，他可是數十年來位階最高的訪越美國官員。但魯賓知道自己必須說什麼。

「我認為美元目前維持了一陣子的力道，已經使利率降低、將通膨維持在低點，因而促進美國的就業機會和成長。」

對於外行人來說，這句話頂多就是比較難解讀而已。但對於金融專家來說，魯賓說話的影響力明確無誤。這位財政部長想要傳達一件事：他沒有特別擔心便宜的進口品，由此推論，他也不擔心國內製造業者會因為其他市場覺得美國商品太貴而吃虧。這對於投資人和跨國企業來說是很清楚的示意，他們的策略都是基於美元對其他貨幣的預期匯率，畢竟這個匯率會直接影響收益和利潤。

記者每次提出跟美元相關的問題，其真正的目標都是確定財政部長是否準備動用財政部的匯率穩定基金——這是財政部長唯一有權力動用的資金（當然還要獲得總統的支持）。匯率穩定基金可追溯到一九三〇年代，它是由各種資產構成（包括美元和日圓），協助財政部管理匯率政策，並提供資金給外國政府。這筆錢的金額會浮動，但它在魯賓任期內大約在四百億美元徘徊。

重複且乏味的強勢美元保險桿貼紙[11]

為預測匯率穩定基金在何時會如何被動用（這肯定會讓市場變動），只要財政部長對美元的言論有任何變化，都可能讓交易人臆測政府即將干預貨幣。投資人擔心魯賓動用這筆資金，而這種擔心是對的，因為有充分證據表明，財政部過去幾年來已經干預到上癮的地步。雖然柯林頓任期內的終極目標，就是要減少這類活動的發生，但這屆美國政府在任期內已經買賣了美元六次，其中兩次介入還持續了一天以上，唯每次介入都證明了政府的干預有多麼無用，因為美元的價值只會略有短暫變化。全球外匯市場現在已經大到無法只用財政部和聯準會那幾十億美元就能影響了。

11　編按：美國人會將寫有俏皮話或格言的「保險桿貼紙」（bumper sticker）貼在汽車保險桿上以抒己見。有些汽車貼紙會以「開車」這個主題進行發揮，有些則是用各式各樣的見解表達個人看法與意見。

交易人需要花點時間，才能接受新的制度已經真正開始。由於他們會先分析財政部長說出的每一個字、再做出美元定價決策，所以魯賓在喊口號時都極度嚴謹。他每次做出聲明，世界各地的交易人都會記錄下來：他用了幾個字來傳遞這個訊息、這些字的順序為何——總之就是動用任何資料，來衡量這次聲明跟上次有哪些不同或相似之處。假如魯賓無意間顛倒了用字順序，把「強勢的美元符合我們的國家利益」講成「我們的國家利益來自強勢的美元」，那麼這些交易人就會用美元買進資產，或讓美元貶值，而要完成這個舉動通常只要一眨眼的時間。

就是因為這麼敏感，所以當《華爾街日報》的威廉·莫瑞，在越南的記者會上請魯賓評論美元的價值時，魯賓話一講完，莫瑞立刻從會議室衝到走廊，用電話向他的編輯轉述魯賓的話。那位編輯會寫上頭條向全世界的交易人報消息，在他們進行下一次交易前，交易人必須在一瞬間分析魯賓的用字遣詞。

莫瑞衝出會議室時，魯賓對他喊道：「莫瑞，我不知道你對我講的話有什麼看法……但你的任何看法都不正確。」財政部的職員聽了之後都哈哈大笑。

這就是魯賓口號的重點。無論記者怎麼大聲追問他，他永遠都不解釋他講這些話的理由。這是因為魯賓「強勢美元保險桿貼紙」的固定句型，其中一個目標就是要使人覺得無聊。他嚴格限制自己喊出來的口號要重複且乏味，這樣市場最後就不再關心美國財政部長要對貨幣說什麼。他相信，除了最罕見的情況之外，都要避免驚動市場，就是他累積可信度的關鍵。整個生涯中，他在公開場合說出的每個字，都利用了自己受過的律師訓練，以極高的精確度去斟酌用句。講錯一個字就有可能動搖全球金融市場，而魯賓知道，美元和經濟方面的公關危機會造成什麼災難。假如他說錯話，就會對他身為財政部長的可信度，造成無可挽回的傷害，這會讓他更難依靠口頭介入就避免未來的危機、以及安撫緊張不安的市場。

對他來說，記者的美元問題已經變得跟《今天暫時停止》（*Groundhog Day*）一樣；這部受歡迎的電影由喜劇演員比爾．莫瑞（Bill Murray）主演，劇情中有位頭髮灰白的氣象播報員，名叫菲爾．康納斯（Phil Connors），一直反覆過著同一天。但康納斯至少還可以把時間用來追求另一位角色麗塔．漢森（Rita Hanson，由安蒂．麥道威爾〔Andie MacDowell〕飾演）、讓她愛上自己，而魯賓的時間迴圈，就是一群異常專注的記者和煩躁的交易人在輪替。

這份工作極高的重複性，將會成為接下來數十年財政部長的窘境。小布希總統的第一位財政部長歐尼爾，二〇〇二年造訪吉爾吉斯時，巧妙回答了一個關於美元的問題。他的繼任者史諾回答這種問題時，手上抱著三隻買給孫子的泰迪熊——他才逛完密蘇里州獨立市的「熊熊工作室」（Build-A-Bear）。

「記者想逼財政部長說出不一樣、有趣或愚蠢的話，這很正常。」蓋特納說道。他在二〇〇九至二〇一三年擔任財政部長。世人一直在看著、聽著美國財政部長的每一句話。稍有失言就可能使人拋售任何類型的貨幣，或是影響美國國債的價格——這個龐大的市場有數十兆美元處於風險中。

經濟復甦的幕後推手

魯賓將會對財政部長這個職位產生深遠的影響。他早期對於政策的涉入和影響，以及在華爾街時期汲取的市場知識，使他得以重新定義「美國首席經濟發言人」這個角色。

一九九九年（柯林頓第二任期間）他辭職的消息上新聞之後，華爾街、華盛頓各黨派，以及經濟圈都「把他捧得像退休運動明星」（這是當時某位側寫師寫的）。魯賓是經濟復甦的幕後推手，而這次復甦是一句咒語所造成，大家會把他跟這句咒語聯想在一起：多數時候是因為這句咒語非常聰明，但偶爾是因為它很空洞。柯林頓政府的最後十八個月，薩默斯接任財政部長，繼續傳遞「魯賓經濟學」的火炬——他協助創造了這個概念，而美國與全世界現在都要依賴它。魯賓戒除了美國財政部和其他國家財政部，對於貨幣市場的控制傾向，於一九九五年後大幅抑制對於美元的介入。

在聯準會大力協助之下，柯林頓時代成了經濟繁榮的同義詞。美國開啟了當時最長的經濟成長期：國內生產毛額（Gross Domestic Product，以下簡稱GDP）每年平均成長四％，家庭所得中位數增加了一萬美元左右。這段時期創造出兩千兩百萬個以上的就業機會，失業率落在四％（根據大多數經濟學家表示，這算是健康的水準），通膨從超過四％，被控制在舒適的二・五%。

此外，這個世代的預算第一次達到平衡。魯賓自己認為這是他最重要的成就。柯林頓卸任時，留下了兩千三百億美元的年度預算盈餘，而且是連續第三年的盈餘。由於經濟以健康的步調成長，美國人就有空間花更多錢，藉由購買房屋和車子更進一步刺激成長。

但這只限於華爾街的觀點。美國中部（製造業和農業鏽帶州）的問題正在醞釀中。

第五章

製造業與藍領市場的悲劇

二〇〇一年，在大多數美國人的廚房櫥櫃裡，都能找到西維吉尼亞州韋爾頓市（Weirton）的蹤跡。每四個罐頭（鮪魚、鳳梨片或碎番茄），就有一個錫罐是在韋爾頓鋼鐵公司（Weirton Steel）的工廠捲封和酸洗（譯按：利用酸溶液去除銅鐵表面的氧化皮和鏽蝕物）。一九六〇年代，這家公司的產量達到高峰之際，雜誌上有個廣告寫著：「我們替錫罐生產馬口鐵，讓您的生活更加便利。」

韋爾頓鋼鐵公司是在一九〇九年由歐內斯特．T．威爾（Ernest T. Weir）成立，它在早期獲得成功並成為地方經濟的命脈，可說是最典型的美國夢故事。韋爾頓成立六年內，就成為全世界第二大馬口鐵製造商，還因此登上《生活》（*Life*）雜誌的封面，照片描繪出美國小鎮的美麗風情。在這個「公司鎮」長大的小孩，從小就養成一種價值觀：假如他們夠努力工作，生活就會變得更好，而在煉獄般的工廠工作時留下的傷疤，被視為榮譽勳章——那是勞動的證明。

然而到了一九九〇年代晚期，這座城市和它的兩萬名居民，已經開始過起苦日子。由韋爾頓鋼鐵公司經營的當地工廠，勞動力下降到三千五百人，約只有就業高峰期的四分之一。這個地區的平均失業率是九％左右。雖然眾人仍歌頌著過去十年來累積的經濟成長，但粗略的經濟指標，掩蓋了老布希和柯林頓政府所促成的貿易協議背後殘酷的現實。

《北美自由貿易協議》以及其他類似的條約，導致一段艱困的時期，傷害到這整座由鋼鐵業支撐的城鎮。於是「華爾街對美國政府的要求」與「美國其他地區的需求」之間，演變成一場殘酷的階級戰爭。

正當魯賓與他同事引領美國政策替全球化鋪路，中國、日本和其他國家的政府，正在打破公平貿易的規則：他們透過減稅和其他鼓勵生產的措施，補助自己國內鋼鐵公司的支出。市場上的產品多到足以讓金屬跌價，便宜到美國公司配合這種價格就會虧損。這並不令人意外——「傾銷」的重點就是爭取市占率，等到競爭者衰亡之後再漲價，這樣買家就沒有回頭路了。

所以當華爾街在市場（多虧了魯賓經濟學讓私人企業持續支出）賭贏了一大筆錢，美國鋼鐵公司的廠工（也就是整個國內製造產業的縮影），卻看著世界各地的鋼鐵價格暴跌到二十年來新低，使得「美國製造」變得太昂貴。

追求美元強勢的副作用

這整齣計畫已經違反了全球貿易的原則，但美國政府似乎選擇視而不見。雷根時期保護主義聲浪所帶來的教訓，早已被人遺忘。

這對所有經濟體而言不見得是件好事。一九九七至一九九八年，國內鋼鐵產業的營收少了一半，與享受了好一陣子銷售額破紀錄的國際競爭者形成明顯對比。他們的鋼鐵遠比任何美國公司的原料都便宜，而這導致國內工廠必須裁員。這個狀況又因為過時的生產方式和機械而更加惡化，國際競爭者卻有現金流可以投資工廠的基礎建設。

小布希當選後四年內，就有多達三十一家美國鋼鐵公司進入破產程序。韋爾頓市的數千名居民沿著街道遊行，高喊：「拯救我們的鋼鐵！」他們想要政府知道他們有多麼沮喪，有人觸犯全球貿易法規，掌權者卻一直裝作沒看見，結果他們的生計就被奪走了。

「是時候制定新的美元政策了。」美國勞工聯合會和產業工會聯合會（American Federation of Labor and Congress of Industrial Organizations，簡稱ＡＦＬ－ＣＩＯ）的托馬斯．帕利（Thomas Palley）當時說道：「美國必須停止鼓吹強勢美元，並且以穩健的美元政策取而代之。」

自從魯賓將強勢美元口號編入體系後的六年，產業和立法者對於美元的重視，揭露了美國貨幣政策在某種程度上，已經成為全球化出現問題的象徵。這個簡化的觀點忽略了許多面向：富裕國家的去工業化（某種程度上受到科技進步的驅動），已經侵蝕了藍領就業市場的基石，而數十年來這個市場內都是工廠的職缺。「以美元為目標」使得抗爭者有了惡鬼可以討伐，而且他們會盡全力善用這隻鬼。

韋爾頓鋼鐵公司這類企業想要的是懲罰性關稅（對外國製造的鋼鐵課徵更高的進口稅），以鼓勵買家購買「美國製造」的產品。柯林頓的救援措施（包括請求國會減稅）都被這個產業嚴厲的批評了。至於其他措施，例如威脅要懲罰那些傾銷產品，以求壓低價格的國家，則讓某些國家減少了對美國的鋼鐵出口量。

但事態幾乎沒有變化。華爾街長期欺壓華盛頓的政策制定者，時間久到所有人都忘記，強勢美元可能會傷害到美國的部分地區。五年後，韋爾頓鋼鐵公司聲請破產，公司所在地區的失業率飆升。

沒過多久，韋爾頓市幾乎變成空城，由冷清的購物中心、脫衣舞俱樂部和撲克酒吧組成。而紐約的交易人正在享受標準普爾五百指數（S&P 500 Index）大漲一七％以上帶來的獲利，這個指數是美國股市概況的最佳指標之一。韋爾頓與其他類似城鎮的居民們，感覺自己就像被背叛了一樣。

追求強勢美元的政策有個很傷人的副作用，就是這代表政府正在挑選經濟體中的贏家和輸家，而這種背叛人民的行為，多半都不是什麼好政策。韋爾頓鋼鐵公司的倒閉，揭露了美國工人為了「政府對強勢匯率的偏好」，以及「證實這種偏好的自由貿易原則」付出了多少代價。就跟韋爾頓一樣，賓州、俄亥俄、肯塔基和印第安納的美國製造業城鎮都在衰微，因為他們的商品都太貴了，賣不出去。「中國製造」和「孟加拉製造」所帶來的損失，正開始威脅美國數十萬個就業機會。

這也造成一個國家安全問題，因為美軍無法取得足夠的國產鋼鐵，這類產品是美國軍事行動的關鍵零件。五角大廈擬定計畫，要求收購鋼鐵或鋁，為美軍製造飛彈、噴射機、潛水艇、直升機、悍馬、軍火，結果鋼鐵產業的問題就變成重大的愛國心問題了。

政治前線上，民主黨在選舉時付出了代價。

二〇〇〇年十一月選舉日，小布希為共和黨在經濟大蕭條後第四次贏得西維吉尼亞州。這是多虧他意外贏了幾個地區：其中一個地區是漢考克郡，也就是韋爾頓市的所在地（從此以後，這個郡每次總統選舉都投共和黨，西維吉尼亞州成為了共和黨的重鎮。二〇一六年，川普以六九％左右的選票贏得這個州）

全球化與強勢美元可能會傷害任何人

正當小布希總統踏進辦公室，美國工人的困境也在國會引起熱議。在那些日子裡，魯賓被當成反派，實屬罕見。

傑伊・洛克斐勒（John "Jay" Rockefeller）可說是二〇〇一年上半年聲量最大的批評者。洛克斐勒是一九〇〇年代初期知名石油大亨的曾孫，也是來自西維吉尼亞州的民主黨參議員。他責怪魯賓和柯林頓經濟團隊的其他人，把全球化看得比任何事情都重要，國內鋼鐵產業（提供就業機會給無數美國人）的健全度被排在後面。

根據這位參議員的評估，美國正在面臨可怕的危機，而他不希望由投資人「以全球化的名義」決定誰是這場戰鬥的勝利者：華爾街或美國工人；蒙大拿州民主黨員馬克斯・博卡斯（Max Baucus）則更進一步，警告總統當選人小布希即將上任的經濟團隊，對於全球主義的「巨大反彈」即將來臨，這來自覺得自己沒有因全球化而分到一杯羹的人，他們變成了經濟民族主義的催化劑。

工會和製造商繼續遊說小布希弱化美元，他們說美元的價值被高估了三〇％，這是因為截至二〇〇二年三月的十八個月內，美元對美國最大貿易夥伴的貨幣匯率，就是漲了這麼多。這個短時間內的幣值暴漲，造成美國製造業出口額暴跌了一千四百億美元，並波及數十萬個家庭——他們的所得因為裁員而減少。以上資訊來自全國製造商協會（National Association of Manufacturers），這個組織位於華盛頓，它代表產業內的會員公司向美國政府發聲。

這個團體警告小布希政府，假如政府沒有弱化美元，就會有更多人出來疾呼保護主義，就跟以前一樣。美國三大汽車製造商（極度依賴鋼鐵）早已對此失望透頂，他們說日本政府刻意壓低日圓，讓自己國家的製造商有競爭優勢。「價值過高」的美元已經讓美國汽車出口成本漲到每輛車三千七百美元，而造紙、聯合工業、化學和能源產業工會（Paper, Allied-Industrial, Chemical and Energy Workers International Union）則說，美元害他們過去一年損失了一萬個就業機會。

華盛頓的政治機構、或是投資人社群，都沒有人想聽製造業的警告：全球化（以及強勢美元）可能會傷害任何人。

這個時代的經濟思潮，重點在於共享的全球繁榮、增加人口和新概念的自由流動、以及開放國界。但是「一個國家將自己的經濟需求優先於世界其他地方」（也就是保護主義），這個概念自一九八〇年代之後首次再度興起。正如博卡斯參議員警告過小布希政府，是時候「該了解到要以美國優先了」。

回顧過去，世紀交替、同時政府內部的權力平衡導致政黨輪替之際，民眾對魯賓強勢美元口號非常失望。華爾街和平民百姓的利益正在衝突：華爾街徹底受到貪婪所驅使，但平民百姓（那些住在美國小鎮的平凡人們）則盼望能分享到美國的繁榮承諾。由於美元是全球商務的通用貨幣，所以它的各項不利因素都格外慘痛，這也在美元帝國的基礎中埋下了弱化的種子。

再過十四年，會有一位最不像總統的候選人，搭著黃金手扶梯扶搖直上並發出戰吼，這聽起來就像在為韋爾頓居民曾經提出、卻被所有人無視的警告發聲。要再過十四年，才會有人認真談論「以美國本土利益優先」這件事。

但是在這些事情浮上檯面之前，魯賓的計畫還有另外一個缺陷，將會不斷困擾他的繼任者。

魯賓創造出的強大美元神話，已經大到難以控制。一方面，強勢美元口號為美國新增了組織世界的強權角色；更別提巨大經濟擴張所帶來的利益，增加了美國中產階級人口。金融市場已經越來越著迷於魯賓的「美元言論」：原本它只是個奠基於精密經濟與金融哲學的口號，以協助重新定義財政管理，現在卻成了人人認同的主流觀點。以小布希公布他的財政部長人選為例，他選了一位鋁業大亨作為下一任財政部長，結果痴迷於「強勢的美元符合我們的國家利益」這句話的投資人們，又狠狠修理了小布希一頓。

財政部長是否支持強勢美元？

歐尼爾是一個直率的人。他在公開場合說話的樣子就跟私底下一樣，完全沒有架子，無論說話對象是上司小布希總統，還是他的孫子。歐尼爾是出身卑微的中西部人（他出生於聖路易一間沒有水電的房子），他不怕說出自己的想法或表達自己的觀點。一九八七年，也就是他當上工業巨頭美國鋁業公司（Alcoa Corp）執行長那年，他取消了賓州一間高爾夫球俱樂部的企業會員資格，因為這間俱樂部不收黑人和女人（他這樣表態在那個時代並不尋常，畢竟還要再過數十年才會出現進步的公司治理觀念）。

歐尼爾當上美國第七十二任財政部長之前的三十一天，一路獲得華爾街的支持。事實上，他是小布希內閣人選中最受讚譽的人。民主黨員、共和黨員、在經濟圈地位跟神一樣的聯準會主席葛林斯潘，每個人都很佩服歐尼爾的不凡生涯。考量到他缺乏金融部門的經驗，挑選他來監督國家的公共財政確實奇怪，但所有人都認為，讓一個圈外人主掌財政部會帶來新氣象。

小布希挑選歐尼爾作為人選，是因為他擁有頂尖的產業與從政經驗：六十五歲的歐尼爾準備加入新政府時，是白手起家、擁有六千萬美元財富的人。他在尼克森和福特（Gerald

Ford）執政時就有從政經驗，但在他職涯大部分時間還是一位工業家，最後在一九九〇年代全世界最大鋁生產商踞高位十三年。在歐尼爾的努力下，他達到比數百位股票和債券交易人（他們在更加廣泛的市場崛起時賺了好幾百萬美元，成為知名人士）還要高的階級。歐尼爾接任美國鋁業公司的執行長時，這間公司的股價只有五美元，而且鋁價正在走下坡，但在他退休時，股價為每股四十美元左右。

一個自稱自己大部分生涯都花在「製造業領域」的人（而不是涉入只有圈內人才懂的金融商品，剛好相反），能夠獲得賞識，是因為這代表他了解美國經濟某個重要的部分，而在他之前的部長們不懂。

但歐尼爾與投資人的蜜月期，甚至在他宣誓就職前就結束了，這全是因為華爾街對於貨幣言論極度敏感，而且他們預期新政府會走回頭路，試圖積極控制美元的價值。

二〇〇一年一月歐尼爾的提名確認聽證會前夕，一篇兩千字文章的最後一句話，引起全球市場一陣恐慌。「身為出口商，他（歐尼爾）應該要偏好弱勢美元才對，但他並沒有對這個問題表態。」這篇報導上了《紐約時報》的頭版，並嚴重打擊了民眾對歐尼爾的支持。

投資人立刻就鬧脾氣，在市場拋售美元，創下美元一個月內單日最大跌幅。

交易人突然擔心他們原本讚許的「非市場經驗」，會導致歐尼爾一當上財政部長就偏好更弱的美元，因為他在製造業數十年來建立起來的習慣就是這樣。一九八五年美國簽訂《廣場協議》意圖讓美元下跌時，歐尼爾正在協助經營一間造紙公司，而這間公司因為更弱的美元而獲益良多。

基於這個邏輯，交易人很怕歐尼爾掌權後，財政部會捨棄強勢美元政策。但這純粹是猜測而已，因為歐尼爾自從獲得提名之後，就沒有公開說過半個字。只不過是一位工業專家成為美國首席經濟發言人而已，投資人們卻慌得不知道該如何是好。他們說歐尼爾並非「市場派」的財政部長（也就是不跟他們同一國），而現在，他們懷疑美元政策是否會在投資人和勞動階級之間產生分歧。

因為群眾的焦慮感實在太嚴重，以至於華爾街分析師開始建議投資客戶，抱著「歐尼爾一上任就會介入，以強行弱化美元」的預期心理來調整交易策略。從東京、倫敦到紐約，金融中心的數千位金融專家，都希望歐尼爾只說一句話就好：**強勢的美元符合我們的國家利益**。「只要他維持『美國渴望強勢美元』這個口號，應該就不會被市場修理得太慘。」一位經濟學家說道。對他們而言，魯賓的名言就是推動經濟整合的誓言，這樣美國的消費者就能繼續享受便宜的外國產品，並且讓資本持續流入經濟體。

市場通常都是政府政策是否可以信任的指標，它具有民意調查的作用，可供政府官員參考。小布希政府即將上任的經濟團隊，覺得歐尼爾的當務之急是贏得華爾街的信任，哪怕他必須通過愚蠢的公關考驗。

於是歐尼爾的確認聽證會舞臺已經設好了，它會實況轉播給世界各地的投資人和財政部長，用來測試歐尼爾對於美元的意向。

由於這次聽證會說穿了就是在談美元，因此歐尼爾和他的助理想出一個計畫。在「謀殺委員會」（murder boards，華府用語，意指一個團隊扮演敵對立法者，交叉詢問被提名人）準備聽證會時，他們決定了這位未來財政部長的頭幾句話，應該要應付華爾街的最大疑問：歐尼爾是否支持強勢美元政策。

大眾對美元政策聲明的焦慮

二〇〇一年一月十七日星期三，上午九點三十分，小布希就職前三天，歐尼爾走進德克森參議院辦公大樓內部一間聽證室。他坐在一張蓋著深綠色桌巾的厚重木桌前，正好位在他兒孫輩組成的個人加油團前面。在他面前有一群攝影師蹲在地板上，歐尼爾開始說話的那一刻，相機快門每秒發出一千次喀嚓聲。

這位身價數百萬美元的金屬大亨，準備好要向監督財政部十五位參議院財政委員會的立法者們，證明自己值得擔任美國最高階的公職。參議員坐在比室內其他東西高兩英尺（譯按：約六十一公分）的馬蹄鐵形主席臺上，居高臨下的看著他們的目標。

這一刻歐尼爾並不是成功的企業大老。他是在面試一份工作，而且任何人都可以旁聽。歐尼爾一開始並沒有依照慣例介紹他的妻子和家人，而是按照前一天的練習，直接講重點。他的手肘放在桌上，沒有帶任何小抄，輕鬆愜意的撥弄桌巾的絨毛，說出他自從被提名之後，公開講的第三句話：「過去幾週我變得很出名，因為被提名讓許多媒體開始關注幾個議題，而我認為自己不該浪費太多電視畫面，所以開門見山的說：我支持強勢美元。我無法想像為什麼會有人覺得剛好相反。」

一群記者立刻離開現場，衝向聽證室外的電話，將這段話發送給他們的編輯。幾秒之內，頭條新聞就顯示在彭博終端機（Bloomberg Terminal，直接提供資訊給交易人的軟體）的螢幕上。其中一條寫著：「歐尼爾的言論讓美元對日圓的匯率，漲到將近一年半以來的新高。」顯然投資人鬆了一口氣。

歐尼爾簡明扼要的聲明，讓魯賓的強勢美元政策，同時受到兩大黨的支持。

然而歐尼爾和金融市場間的鬥爭才剛開始而已。這位財政部長接下來二十三個月都耗在漫長的衝突中，同時還要奮力對總統維持忠誠，因為後者指望他能成功支撐強勢美元政策，以及小布希經濟計畫的其他關鍵支柱。

歐尼爾任職期間，美元跌了八％，幾乎都是因為他無法控制的力量所致。他認為美元的價值會反映經濟基本面，而身為財政部長，他想為美國經濟建立穩健的基礎。可惜的是，這導致他違背了總統的政策方向，因為後者缺乏財政紀律，而歐尼爾自認為遵守紀律就能促成繁榮經濟，讓美元回漲。

有一件事不但被投資人忽略，歐尼爾也無法傳達它，那就是小布希的經濟願景自然而然就會使美元弱化，但它不是刻意被這樣設計的。

小布希和歐尼爾掌權時，美國長達十年的經濟擴張期正要結束。二〇〇一年三月，小布希上任滿三個月左右，美國開始了長達八個月的衰退期，失業率也緩緩上升。為了推動經濟，小布希政府指望一項經濟政策手段，而對於渴望縮編政府預算的共和黨來說，這種手段再自然不過了：減稅。這項承平時期的計畫（在九一一事件顛覆一切之前），預計會減少一兆美元以上的美國稅收（用於財政支出）。

歐尼爾面對的「美元風波」本質上就是一場賽局：投資人想要聽財政部長談論美元，並享受這樣產生出來的短暫波動，藉此創造暴利的空間。他們煽動記者挖坑給歐尼爾跳——如果他說出真相或準確的言論，反而會讓事情更糟糕。華爾街執念所造成的損害，作用於小布希大半的執政期間，最後這種執念終於露出了一些明顯的缺陷。但即使小布希麾下的首席經濟發言人試圖教育記者和投資人：強勢美元政策自進入二〇〇〇年代初期時就已變得空洞，所有人還是只想聽他像鸚鵡一樣覆誦魯賓的咒語。

談論美元變成像在躲地雷一樣，令歐尼爾深感挫折，以至於有一天他又被詢問是否暗自渴望弱勢美元時，他告訴記者，如果要改變美國貨幣政策，那他們一定會知道，因為他會去租一座棒球場來宣布這項新計畫。結果這樣反而更凸顯大家對於美元政策的緊張感變得多麼嚴重——歐尼爾沒有受過訓練，不懂政策信號的微妙之處。後來歐尼爾前往迦納、巴西和美國各地時，追在後頭的記者老是對著他叫道：「你到底租好洋基體育場（Yankee Stadium）了沒？」

歐尼爾並不覺得這樣很好笑。

一位前任財政部官員說道（他不想具名），小布希執政期間，強勢美元口號將會變得「毫無智識」。

第六章

用財政部的恐怖分子報復恐怖分子

東京日比谷區的帝國飯店，以替賓客準備的清靜茶室和精緻三溫暖而自豪。有人形容它是「既奢華又舒適的綠洲」。對於財政部長歐尼爾來說，這是旅途的最後一站。他花了一週的時間接連在上海和北京開會，然後搭了四小時的班機來到日本的首都。他現在只希望能夠打電話給太太、祝她生日快樂，然後在特大號床鋪上躺平。這天是二〇〇一年九月十一日。

歐尼爾晚上十點（這裡的時間比華盛頓快十三小時）抵達東京的飯店時，一邊解開領帶，一邊打開電視，結果眼前的景象把他嚇傻了。他坐在奢華飯店房間的床鋪邊緣，看著CNN播出的悲慘景象。他就像大多數的美國鄉親一樣，試著說服自己是航空交通管制犯下的慘痛錯誤。要不該怎麼解釋一架商用客機會在晴朗無雲的早晨，撞進曼哈頓的摩天大樓？

儘管一開始的報導內容很混亂，但答案慢慢揭曉。等到東京的午夜時分，事情已然明瞭：美國被攻擊了。

與恐怖主義開戰

歐尼爾的雙眼緊盯著電視，驚恐的看著兩個手牽手從世貿中心大樓跳下的人。歐尼爾的幕僚長提姆．亞當斯（Tim Adams，土生土長的肯塔基人，身材高大，語氣柔和，帶有一點南方的拉長音腔調），在財政部長的飯店房間進進出出，剩下的隨行人員（包括媒體）則一起在走廊看著。亞當斯知道自己必須做什麼：取消他們跟日本財務大臣、日本銀行總裁的會面，然後設法回家。

那一天，恐怖分子瞄準了美國經濟的心臟。世貿大樓裡頭共有三十二家證券經紀公司、數千名金融從業人員，以及大規模的市場服務活動。他們距離紐約證券交易所只有六個街區。第一架飛機在上午八點四十六分撞上，而交易本來將於四十四分鐘之後開始。不用說，美國那天沒有開市，接下來的六天也沒開。這次休市讓世界各地的股票突然暴跌，受到攻擊的當天，市場最終蒸發了一兆四千億美元。接下來那一週，標普五百指數又跌了一四%。從倫敦、曼谷到大阪的股票交易商都停止工作，想知道恐怖分子還計畫了什麼事情，以及這對美國其他地區與它的經濟體有什麼意義。

全世界最大、最強經濟體的資產，傳統上一直都是動盪時期的避風港。但在九一一事件後，美國股市自一九三三年經濟大蕭條首次突然休市，這個避難所看起來就顯得脆弱了。「敵對的力量正作用於美國貨幣。」一位市場分析師說道：「它在傳統上扮演的避風港角色，因為『特別針對美國的攻擊』這個事實受到挑戰。」

歐尼爾發表一項聲明來安撫投資人，並排除美元可能持續下跌的臆測：「面對今天的悲劇，金融體系依然運作得非常好，而我有十足信心，它在接下來的日子會持續這樣運作。」

隔天早上，東京的美國大使館派車子去接歐尼爾、亞當斯、經濟學家約翰·泰勒（John Taylor，財政部國際事務次長）、米歇爾·戴維斯（Michele Davis，財政部首席發言人）以及其他要回華盛頓的人。聯邦政府安排了C-17軍用噴射機接送歐尼爾等重要人物，這種噴射機原本是用來運送貨物到衝突地區。

這趟長達十二小時的飛行非常寒冷。團隊當天搭的軍用飛機是設計來裝載軍用坦克，因此它有一個像洞穴一樣、高達十二英尺（譯按：約三百六十七公分）、能產生回音的機腹，而且幾乎沒有窗戶。唯一能坐的地方是一排直背折椅，用螺栓固定在金屬牆面，或光禿禿的冰冷鋁門上。一座城市熊熊燃燒的景象，閃過所有人的腦海，而這群人還要盡量別去想像空中還可能潛伏著什麼惡夢。

財政部長一整晚都在冰冷的金屬地板上時睡時醒，只蓋著一條小羊毛毯，戴著一對耳機來隔絕無加壓艙的噪音；要不然就是一直想著恐怖分子的殘忍和冷酷計算——他們居然劫持了四架商用客機的駕駛艙。歐尼爾整理好自己的情緒後，愛國心更加堅定不移。事後他回想起自己在這趟怪異又恐怖航程中的思緒，然後針對襲擊事件說道：「我們體系的天才之處，在於人民的心靈與智慧，而非我們的辦公大樓。」

為了更快回到華盛頓，他們在飛越阿拉斯加時，跟一架加油機會合，讓飛行員在空中加油。等到他們抵達美洲大陸時，雷達幾乎空白，因為商用客機已被禁飛。當他們降落在安德魯聯合基地（Joint Base Andrews，距離財政部十五英里〔譯按：約二十四公里〕的軍事設施），發言人戴維斯往外一瞧，看見數百位軍人拿著機槍圍繞著他們的飛機。當她和泰勒加入小布希的財政部效力時，並沒有料到自己會踏上戰爭前線。

美國已經變了。

接下來發生的事情，向世人揭曉了美元的力量有多強大。這時候的「強大」並不是指匯率，而是指美元作為武器可以懲罰惡徒、行使美國外交政策目標以及維護全球安全，並且保護美國人的安全。在美軍對蓋達組織和塔利班發射真正戰爭武器的十三天前，小布希就已經和恐怖主義開戰了，他徹底釋放了美國財政部的力量。

利用世界儲備資產進行極端制裁

二〇〇一年九月二十四日，上午九點三十五分，小布希總統站在白宮玫瑰園的樓梯踏板上，前面放著釘了總統徽章的講桌。那天早上狂風大作，灰色的天空預示著六個危險的龍捲風，將會在那天觸及這個地區。但小布希一站上講臺，就展現出美國的威力：他被六面美國國旗環繞，通往橢圓形辦公室的東側玻璃門，以及白宮的突出外觀，在他背後清楚可見。

歐尼爾和國務卿柯林．鮑爾（Colin Powell）分別站在小布希兩側，小布希則宣布他將在那天凌晨零點零一分「大筆一揮」，對抗恐怖主義的戰爭便已開打。他告訴世人，他正在利用美元的力量懲罰美國的敵人，藉此攻擊「全球恐怖網絡的財務基礎」。他結合適用於緊急情況的國內和國際法定權限，發布行政命令，立刻使財政部有能力阻擋和凍結那些涉及恐怖分子、恐怖組織和已知相關人物的美國資產和交易。為了讓他們更缺錢，他設立了外國恐怖分子資產追蹤中心（Foreign Terrorist Asset Tracking Center），橫跨數個聯邦機關協力運作，以找出恐怖分子的資金來源，並在另一次攻擊之前凍結那筆錢。

小布希的行政命令，同時列出二十七個已經被擋在美國金融體系之外不同單位的名稱，這意味著他們再也無法取得美元。「你們提供資源讓那些邪惡的行動可能成真，因此我們要懲罰你們。」歐尼爾在小布希的聲明之後說道，就像是直接講給恐怖分子聽的。

在美國首都刮著風的九月天，經歷過三次大規模衝突之後（南北戰爭和兩次世界大戰），美元的最高地位已然浮現。魯賓創造出來的信條，讓總統在美國史上其中一段最黑暗的時刻，能夠把全球金融當成外交政策的關鍵。小布希已經祭出最極端的制裁，利用世界儲備資產的力量，懲罰敵人並維護他所領導的民主制度。

買下美國

九一一事件後幾天，歐尼爾一次要管理好幾項任務。財政部正好坐落於白宮旁邊，兩棟建築物相隔一百五十碼（譯按：約一百三十七公尺），中間還有一座十二英尺高的「自由鐘」（Liberty Bell）複製品。所以白宮如果受到攻擊，很有可能波及隔壁的財政部。軍用坦克停在財政部和白宮之外，持續提醒大家：威脅正在逼近。聯邦政府擬定了財政部大樓被摧毀時的應變計畫，包括在賓夕法尼亞大道遭受攻擊時，管理財政部匯率穩定基金的職員的撤離路線。政府必定要守住調動匯率穩定基金（當時大約是三百億美元）的能力，因為假如又一次衝擊性事件讓金融市場失序，這筆錢就非常重要。而在那些日子裡，這種狀況似乎隨時都會發生。

事件初期，股票、債券和貨幣交易大廳都瀰漫著恐懼，因為恐怖攻擊已經重創美國廣大金融市場的命脈。數十萬條電話線和四億個數據電路故障，波及了股票、債券、期貨和選擇權等金融商品的交易。對通訊和交易來說至關重要的數據都已經消失，因為世貿中心北塔的電腦紀錄是在南塔備份，反之亦然。

紐約證券交易所也很淒慘，它在攻擊事件之後休市了將近一週。但是曼哈頓下城全毀，意味著三兆美元的美國公債市場（也就是「政府的」〔govvie〕市場，市場圈內人就是這樣稱呼政府債券）的實體基礎也遭到打擊。這個市場對全球金融而言是最重要的（到現在都還是），它是由最普及的債務憑證所構成。由於這些證券是由財政部發行，所以歐尼爾旗下的國內財政局，必須親上火線，讓紐約重新開市。這個單位和證券交易委員會（作為獨立的聯邦監管機構，負責保護投資人和維持有效率的市場），在協助紐約證券交易所重新開市時，扮演著重要的角色。

「這麼做的風險很高。」歐尼爾已經告訴總統，如果想要展現美國的強度和耐力，他們開市必須一次就成功。如果失敗，在極度脆弱的時代中，為了支撐美國形象而做出的努力，將會大打折扣，但這項任務充滿了情感與邏輯上的複雜性。每個在紐約證券交易所工作的人，都有朋友和同事才剛死去。在曼哈頓遇難者當中，將近四分之三從事金融業。燒焦橡膠的氣味、曾經是雙子星摩天樓所在地的悶燒坑洞，以及龐大警力的陣仗，讓全世界權力最大的金融區感覺像戰區一樣。

政府害怕全美民眾去銀行擠兌（一大群顧客急著一次把他們所有的儲蓄和支票帳戶領光）的新聞登上頭條，因此它必須採取強硬行動。大約一天之內，聯準會就宣布它已經「開放且運作中」，準備好要滿足投資人的流動性需求。美國聯邦存款保險公司（Federal Deposit Insurance Corporation，支應美國民眾的支票和儲蓄帳戶中的錢）則宣布「每個人的錢都很安全」。

紐約證券交易所不眠不休的工作，他們得到來自證券交易委員會、私人部門的工程師、以及財政部官員的幫助——包括彼得・費雪（Peter Fisher），他是負責監督債務管理的次長。那些日子裡，大家經常看到他提著一只銀色硬皮箱，並拿著一支安全手機。

他們接上新的電話線，設立臨時辦公空間，並且埋頭挖出數據中心成功保存下來的資訊，以開始重建他們已經發布、但從未完成，或在九月十一日沒有紀錄的交易。投資人既緊張又害怕，沒人能保證這個臨時拼湊起來的市場開張之後，能夠撐過一整天。一個技術性的小差錯就可能嚴重打擊士氣，而士氣是投資人的重要成分，每個人都準備好迎接大量的拋售。大家預估美國股票會跌一〇％，因為他們預期經濟會衰退，而這是乘客不敢搭飛機、消費者信心不足所導致的結果。

政府很明白的力勸大家保持冷靜。億萬富翁華倫．巴菲特（Warren Buffet）等投資人（他們的商業利益因為恐怖攻擊後的市場崩盤，損失了二十四億美元），在紐約證券交易所重新開市前一天，上電視向美國民眾承諾，他們不會在開市時賣股票。「假如你持有某個美國企業的股份，而且約一週前你覺得它很棒，那麼你現在賣掉它就太瘋狂了。」巴菲特說道。

紐約證券交易所開市的前幾個小時，歐尼爾現身在美國廣播公司（American Broadcasting Company）的《早安美國》（Good Morning America，歐尼爾挑了一個主流節目，而不是一般的財經頻道），還帶了一個訊息給投資人：「買下美國。」他說：「假如我能買股票，我會買非常多（身為財政部長，他的影響力太大，所以不能主動交易股票）。」

為了更加鞏固投資人和消費者的信心，九月十七日星期一開市前一小時，聯準會主席葛林斯潘將中央銀行的貸款利率調降〇．五％，變成三％。那時，歐尼爾的車隊已經接近曼哈頓下城的華爾街十一號，那裡有一棟典型的復興式建築，收容著紐約證券交易所。

紐約參議員希拉蕊．柯林頓（Hillary Clinton）和查克．舒默（Chuck Schumer）、紐約證券交易所主席理察．葛拉索（Richard Grasso），以及紐約市的警察和消防員，全都和財政部長一起在交易大廳默哀兩分鐘。這群人一起站在一萬六千平方英尺（譯按：約四百五十坪）的場地（被閃爍著股票代號和價格的大螢幕環繞），唱起愛國歌曲〈天佑美國〉（*God Bless America*），然後在上午九點三十分準時敲響開市的鐘聲，高聲歡呼。歐尼爾搖起手上的小支美國國旗。

美國股市在交易初期暴跌，那斯達克綜合指數（Nasdaq Composite Index）和標普五百指數都跌了五%左右，但這跟政府害怕的最壞局面還差得遠。「我們的經濟很強……我們會沒事的。」歐尼爾說道。他被交易人、警察和消防員圍繞著，一面紅白條紋的大國旗在背景清晰可見。「我們會向世界展現出韌性與韌性的意義，而且我們會逮到那些爛人。」

為了鞏固國家安全

小布希政府一次用上了所有法律（像是二〇〇一年的《美國愛國者法》〔*USA Patriot Act*〕）來鞏固國家安全。《美國愛國者法》將會因為它允許政府竊聽電話，以及無須審判就能將恐怖分子終身監禁，而引人非議；但它比較沒有爭議的部分，是讓財政部有能力截斷恐怖分子的現金流，以及順著金流追蹤恐怖活動，藉此阻撓未來的恐怖攻擊。

為了制止未來的大規模毀滅，追蹤金流就是關鍵。胡安・薩拉特（Juan Zarate，曾經在小布希執政的白宮和財政部任職），在他的著作《財政部的戰爭》（暫譯，*Treasury's War*）寫道，雖然恐怖組織只要花一千美元就能執行自殺炸彈攻擊，但它仍然需要精密的訓練，甚至還要支付撫恤金給陣亡士兵的家屬。搬錢必定會留下蹤跡：銀行轉帳時會留下書面紀錄，細節包括轉帳的時間、金額、銀行名稱和帳號持有者。每一個步驟都是破綻，讓財政部的「偵探」們能夠追蹤壞人們的一舉一動。

劫持聯合航空一七五號班機和美國航空十一號、七十七號班機的那十九個人，利用美國帳戶內的匯款、現金存款和旅行支票來資助恐攻行動，在美國國土實行了三千人的大屠殺。大約有三十萬美元在光天化日之下流入他們的美國帳戶。

他們用真名在美國開了幾個銀行帳號（像是佛羅里達的太陽信託銀行〔SunTrust〕），總共只轉了必要的四十萬美元。五千到七萬美元不等的金額往返流動，包括德國和阿拉伯聯合大公國的銀行，因為這些人要先申請美國簽證、註冊佛羅里達的飛行訓練學校，再向美國航空和聯合航空購買那些死亡班機的機票。

沒想到各種資料庫所儲存的資訊，其實足以讓美國政府事先阻止這項計畫，只要他們有把線索串聯在一起。一想到這樣，治理國家的人們就感到良心不安。

財政部利用調查九一一事件資金來源所得到的情報和證據，製作了一份公開的恐怖分子與相關單位的名單，並命令美國的銀行找到並凍結這些帳戶。為了避免再次發生憾事，財政部向金融機構施壓，以促使他們遵循法令。若是沒有照辦，銀行和金融機構就會遭到羞辱性的對待以及巨額罰款。

財政部成為國家安全機構

小布希的金融戰爭需要盟友。歐尼爾底下的國際事務次長泰勒被派到前線，他是理想的人選。泰勒早就是公認的全方位貨幣政策專家，一九九二年他設計出與自己同名的經濟法則，革新了中央銀行對於貨幣政策的思維，因而成名。但九一一事件已將他轉變成一位金融戰士，他暫時放下貨幣和總體經濟理論，再與全世界最有錢、最具影響力的經濟體「七大工業國組織」攜手合作。

他們發誓共享金融情報和其他資訊，將防制洗錢金融行動工作組織（Financial Action Task Force）的業務範圍拓展到防制洗錢，藉此授權它阻止恐怖主義融資；此外還設立了一間專用的「戰爭室」。

財政部現在是國家安全機構（應付美國民眾在現實生活中面對的威脅）的一部分，而美元是它的武器之一。財政部的戰爭辦公室（經濟制裁的制定者）還要再花幾年的時間來磨利這把武器（也就是美元現在變成的樣子）。最後這個步驟（成立作戰單位並持續行使其權力）促成了財政部兩百一十五年歷史上最大的擴編，二〇〇四年美國財政部成為世界上第一個（也是數十年來唯一）有內部情報行動的財政部。

小布希總統與國會為了回應九一一事件而組成整體政府，財政部底下這個小型執法辦公室也是其中一部分，它成為「恐怖主義和金融情報辦公室」（Office of Terrorism and Financial Intelligence，簡稱ＴＦＩ）。這個新單位包含了「外國資產控制辦公室」（Office of Foreign Assets Control，簡稱ＯＦＡＣ，發音為「oh-fack」）、「情報和分析辦公室」（Office of Intelligence and Analysis，簡稱ＯＩＡ，口語念成「oya」；這個部門把重心放在恐怖分子的融資和金融犯罪）以及其他相關單位。財政部本來有兩個主要單位（國內金融和國際事務），現在變成了三個，且都有自己的次長。

TFI成立之後，財政部現在有了反恐部門以及更多執法能力。這個辦公室協助國外的財政部發展和TFI類似的能力，並努力說服七大工業國和二十大工業國的經濟官員、國際貨幣基金組織、世界銀行相信：各國財政部長正處於贏得反恐戰爭所必需的金融國策前線。

這不只是讓財政部的權勢變得更大而已。全新的國家安全基礎建設，需要大幅改組華盛頓的守舊機構。這意味著財政部（自從亞歷山大．漢彌爾頓時期，就一直是美國海關及邊境保衛局的上級機構）要將它其中一個最老的機關特勤局搬到新成立的國土安全部。林肯成立的特勤局主要任務是保護總統、副總統與其家人，同時也負責調查偽造的美元——這在南北戰爭之後是很普遍的問題（後來特勤局還要保護財政部長，因為他在總統繼承順位中排名第五）。

特勤局或許是財政部最有魅力的一部分——它保護總統的職責已經被好萊塢浪漫化，就像一九九二年賣座電影《終極保鑣》（*The Bodyguard*）中，凱文．科斯納（Kevin Costner）飾演的前特務，陪在惠妮．休斯頓（Whitney Houston）身邊。雖然眾人樂見這棟建築物中的某些改變，但特勤局（某些前任官員稱它為「槍與徽章」）搬走仍然是一大損失。這讓財政部看起來像被解散一樣，因此打擊了士氣——當時官員已經在應付經濟戰的挑戰。這種新型態的戰爭，讓美元總管們必須步入金融體系網絡的黑暗角落。

磨利財政部的寶劍

將「美元武器化」這個概念發揮到極致，就是「美式制裁」。數十年來當外交失敗時，戰爭往往是進一步的唯一選擇。一九〇〇年代的經濟制裁，形式多半是全國性的貿易禁令（就像對付古巴那樣），而這樣缺乏精確度，因此也缺乏成效。但美元是全球金融體系的中心，這讓財政部能夠磨利自己的劍。全世界的貨幣交易幾乎都是用美元進行，而且幾乎所有石油（最重要的能源）貿易都是用美元定價，這讓美國政治人物能夠藉此行使他們對於世界各地的外交政策目標。只有一個國家有這種權力，而在二〇〇〇年代初期，這意味著他們有能力對抗恐怖主義。

封鎖那些打算資助恐怖主義的數十億美元、觸發股市崩盤，或是在財務方面判一個人或一家公司死刑（從億萬富翁、寡頭政治家到遊艇大亨都逃不過）——這些事情美國財政部現在都辦得到，而且還能做得更多。

第七章

預知恐攻的水晶球

自從恐怖分子用意想不到的陰謀劫持四架商用客機之後，美國兩億八千五百萬位居民紛紛擔憂著，是否還有其他威脅正在悄然逼近？某本雜誌的內文大標聳動的寫著：「生物和化學恐怖——你應該感到多害怕？」

住在高樓的美國人開始購買降落傘。有些人戴著橡膠手套開信箱，或是開始穿著防彈背心和防毒面具。有些人把怒氣發洩在留著濃密黑鬍子和橄欖色皮膚的人，或是長得像蓋達恐怖分子（他們的照片幾乎每天都出現在晚間新聞）的人身上。人們正在學習如何正確念出奧薩瑪．賓．拉登（Osama Bin Laden）的名字，他在當時被懷疑是這次攻擊行動的幕後主使。在曼哈頓，從世貿大樓殘骸散發出來塑膠的焦臭味，令人想起男男女女從大樓跳下來的可怕回憶。正如《紐約時報》所說的，這是「不安靈魂」的氣味。

受到攻擊後的幾個月內，浸透美國民眾的原始恐懼，依舊留在大衛．奧夫豪瑟（David Aufhauser）的心中。他是財政部的首席律師，即將前往布魯塞爾郊區一棟戒備森嚴的大樓，執行六個祕密任務。

政府和金融產業做好「還有其他東西會從天而降」的心理準備，團結起來懲罰恐怖組織，將這些恐怖分子依賴的全球金融網絡武器化。

財政部發起積極的金融情報收集活動，把奧夫豪瑟派去比利時拉于爾普市（La Hulpe），這裡有一家銀行合作組織的總部，而這個組織叫做「環球銀行金融電信協會」（Society for Worldwide Interbank Financial Telecommunication，簡稱SWIFT）。SWIFT成立於一九七三年，目的在於取代無線調度系統和電報，它不是銀行、沒有任何資產或帳戶，但作為金融機構用來互相溝通的系統，它替遍及兩百多個國家的一萬餘家金融公司傳遞安全訊息。二〇〇一年，它每天經手六兆美元的支付金額，並追蹤那些支付款項、國際貿易、證券結算、外幣匯率的匯款單和證明。它就是金融資料的寶庫。

「如果你想阻止柏林、布魯塞爾或波士頓被炸彈襲擊，你就需要人類的智力、資訊情報和金融情報。」倫納德．史蘭克（**Leonard Schrank**）說道。他是土生土長的布魯克林人，一九九二至二〇〇七年擔任ＳＷＩＦＴ的執行長。「如果想阻止炸彈，那麼你不只需要地面上的間諜，還需要金融情報。九一一這種攻擊行動要花錢才能發動，」他說道：「ＳＷＩＦＴ是這些金融資料的交會點。」

在拉于爾普市ＳＷＩＦＴ遼闊總部的水泥牆背後，財政部可以找到恐怖分子利用哪些銀行來取得金錢、帳號持有者的名字和聯絡方式，以及確切的轉帳日期和時間。由於這一切都是攻擊行動的序幕，所以這些資料實際上就是一顆能夠預知蓋達組織下一步行動的水晶球。

ＳＷＩＦＴ受到幾間中央銀行的監督，包括聯準會、日本銀行以及英格蘭銀行，因此它理應成為地緣政治上的中立區。這表示它反對自己的資料被用來達成外交政策目標，因為這種目標通常都有政治動機，但九一一事件已改變了全球局勢。「我們一直都是國際組織，但九一一事件後，我們都是美國人。」幾年後史蘭克說道。他記得那年，就連英國女王伊莉莎白二世（Elizabeth II）也唱了那首〈星條旗之歌〉（*Star Spangled Banner*，美國國歌）。

恐怖分子金融追蹤計畫

美國原本不了解恐怖分子的融資動向，如今卻對它異常執著，這種急速轉換的態度反映了恐攻究竟帶來多深的痛楚。二〇〇一年，聯邦調查局（Federal Bureau of Investigation，簡稱FBI）和司法部都沒有專門對付恐怖分子融資的單位。九月十一日的前兩個月，財政部長歐尼爾才剛談過要放寬美國的監管制度，提出「靠國際合作來打擊金流，而不是靠制裁來威脅」的概念。結果九一一事件迫使政府必須做相反的事情。財政部將不再只是盯著想找藏身處的非法犯罪收入，因為蓋達組織根本沒打算把攻擊資金藏起來。根據奧夫豪瑟的說法：「我們必須開始找出那些想殺人的乾淨錢。」

轉變來得很快。起初中央情報局（Central Intelligence Agency，簡稱CIA）考慮要偷偷存取他們想從SWIFT裡頭挖出來的資料。他們幾年前就已經嘗試這樣做了，但財政部官員發現之後阻止了他們——因為這種舉動可能會傷害世人以美元為基礎建立的秩序，以及自由公平的全球金融體系的信任。二〇〇一年秋天，CIA又老調重彈。所以史蘭克接到了電話——自從他看到世貿大樓在故鄉倒塌的那一刻，就已料到會接到這通電話了。

他很感謝財政部沒有咄咄逼人、立刻就發了傳票給SWIFT。他只是接到一通來自財政部高級官員的電話。史蘭克就跟數百萬美國人一樣，清楚記得世貿大樓被攻擊時他人在哪裡：他在愛爾蘭一間會議室一邊吃三明治，一邊跟SWIFT的愛爾蘭成員開會。

史蘭克向奧夫豪瑟和財政部官員等人解釋說，ＳＷＩＦＴ的資料是地球上最私人、敏感、機密的商業資料，而它由十九個國家的二十五位銀行家組成董事會，將會非常嚴肅的負起責任，無論每個人帶有什麼樣的情緒。

聯準會主席葛林斯潘很擔心。因為他覺得「紳士不應該偷看紳士的信」（某位人士如此解釋）。

奧夫豪瑟必須贏得ＳＷＩＦＴ董事會的信任，他們才會允許美國政府存取ＳＷＩＦＴ的資料。奧夫豪瑟的團隊舉出五個例子（全都保密）努力向ＳＷＩＦＴ解釋，財政部、美國國務院（United State Department of State）、ＣＩＡ、ＦＢＩ將會運用ＳＷＩＦＴ的珍貴資料來瓦解恐怖主義。接著在二〇〇二年上半年，他跟一位政府特務（手上銬著一個皮箱，裡頭裝滿高機密性文件）飛往布魯塞爾，以充分理由說服大家擬定「恐怖分子金融追蹤計畫」（Terrorist Financing Tracking Program）。

雖然名稱很枯燥乏味，但它既創新又必要，將捍衛數百萬人的性命。

美國的說服力跟一個事實有著密切的關係：美元是全球金融體系的中心。ＳＷＩＦＴ給任何政府這麼多權限，都算是抱持堅定信心跨出一大步，而這一步是建立在個人關係上。財政部官員（包括奧夫豪瑟）與史蘭克合作擬定計畫，允許ＳＷＩＦＴ保持其非政治性，以及維持其金融體系通訊系統的角色。他們將會保護ＳＷＩＦＴ成員的資料，同時允許美國存取它，但是也有詳盡的限制條件以防止它被濫用。每份金融資料，財政部都會透過傳票公開其個案，並接受SWIFT和外部審計員的審核。

財政部可以獲取恐怖分子的資訊，但史蘭克說道：「多吃一口都不行。」為了其他目的向SWIFT索取資訊是被禁止的。假如傳票取得了美國不需要的資訊，官員就會把這些資訊從系統中刪除，並且在將來索取資訊時，鎖定範圍會更精確。史蘭克說這是「為了在國家安全和資料隱私、公民自由之間取得平衡，而制定的黃金標準」。

雖然正式名稱叫做「恐怖分子金融追蹤計畫」，但直到揭曉之前，它的祕密代號叫做「烏龜」（turtle）——也就是「迅速」（swift）的相反。任何小布希時代的前任官員，都很難精確量化這個計畫的成效，不過有一位小布希內閣前任官員很肯定的說它「拯救了生命」。保密是關鍵——蓋達組織或其他壞蛋，只要發現美國能夠存取即時的金融交易資料，他們就得找其他方法搬錢（二〇〇六年六月，這項計畫被《紐約時報》公諸於世，但它依舊是政府的強大機制）。

許多被「財政部SWIFT同盟」瓦解的陰謀依然是保密的，但這些年來政府官員已公開證實，這項計畫提供數千個線索，協助攔阻針對美國、德國、西班牙和英國的恐怖攻擊。它替英國政府取得關於二〇〇五年七月倫敦爆炸案的有用資訊，以及其他超過一千五百個寶貴線索；它協助抓到蓋達組織密探里杜安．伊薩繆丁（Riduan Isamuddin），他被視為二〇〇二年印尼一場爆炸案的策劃者；它協助瓦解了二〇〇七年的一場陰謀：炸掉紐約的約翰．甘迺迪國際機場。

穿著灰西裝的游擊隊

九一一事件後的頭幾週，當美國民眾正在克服「每個角落都有無法想像的威脅」的不安與恐懼感，小布希總統向民眾保證，政府將會「追蹤金流以找到恐怖分子」。財政部和SWIFT透過情報體系深度協調合作，就是小布希計畫的關鍵零件之一。

數十年來，國家安全機構只包含少數大型單位，像是CIA、FBI、五角大廈以及美國國家安全會議（National Security Council）。但恐怖攻擊之後，這個排外的組織加入了一個新成員，它是聯邦政府最老的機構之一：美國財政部。

財政部將會和國務院攜手合作，發動經濟制裁並阻止恐怖主義融資。一位前任財政部官員將他曾經加入的制裁團隊形容成「穿著灰西裝的游擊隊」，他管理過二十幾項相關計畫。對經濟來說，美元繼續作為全世界最安全的資產，讓美國得以大筆舉債並藉此成長，同時在地緣政治方面，美元也讓美國能夠輸出它的外交政策議程。世界各地的金融機構、公司和商界人士都被告知，美元管道通常都對他們的忠誠度有所期望。

九一一事件發生後，美元的支配地位已經達到權力顛峰。在這種權力下，坐在財政部頂端的人有了更艱難的職責。財政部長現在不但說錯一個字就會讓市場動盪，而且還必須看管美元的用途，以保護美國。這份工作的壓力只會越來越大。

第八章

一位部長的垮臺

歐尼爾彎腰看著迦納某個熱鬧露天市集內的珠寶攤，他因為時差而頭昏腦脹。那天是二○○二年五月二十二日，這位財政部長正在幫一個小女孩挑項鍊。歐尼爾沒繫領帶、身穿正式的灰色長褲，白襯衫的袖子捲到手肘，他正在承受阿克拉市（Accra，迦納首都）那天下午的潮溼和華氏九十度（譯按：約攝氏三十二度）高溫。站在他旁邊的孩子，不好意思指定他要買什麼小飾品送她，所以由波諾（Bono）[12]幫她挑。

這趟旅程被所有人稱為「非洲怪異雙人行」（Odd Couple Tour of Africa）。一位是愛爾蘭搖滾明星，穿著一身黑衣；另一位是保守的政治人物。兩人都超級有錢，但成就的領域截然不同。他們一起造訪迦納、烏干達、衣索比亞和南非的地方企業、愛滋病診所、學校，以及住著數千名貧民的城鎮。MTV音樂頻道派了一位攝影師跟拍U2樂團[13]的主唱，他才剛贏得四座葛萊美獎；他跟歐尼爾兩人搭著暱稱「U3」的包機參訪各地。

美國財政部長到世界各地出差、會見已開發和新興市場國家的高階經濟官員、討論聯邦援助該怎麼分配，以及全球商務該怎麼運作得更好，這是很稀鬆平常的事情。不過有位音樂界偶像同行倒是頭一次。波諾經常突然清唱U2的熱門歌曲〈我仍未找到我在追尋的〉（*I Still Haven't Found What I'm Looking For*）給他的旅伴聽，因此這趟旅途從頭到尾都有和弦的聲音迴盪著。

如果你要挑出「小布希總統的經濟團隊明顯正在分崩離析」的時刻，那麼大概就是歐尼爾的非洲十一日遊了。當他跟波諾穿著迦納的彩色儀式袍、借戴這位搖滾明星的招牌墨鏡時，這位財政部長的可信度早就打了好幾折。

二〇〇二年五月，歐尼爾並沒有專注於小布希的經濟計畫，他反而一頭栽進「悲天憫人慈善家」這個公關形象中，勇敢面對人類的苦難景象，擔心非洲各地的安全水源和孤兒院的處境。這趟旅行剛好說明了他有多麼偏離職責，難怪他在六個多月後被開除。

財政部長的職責是讓美國經濟成長和創造就業機會。自從財政部成立之後，高階職位的公關部分一直都是關鍵。成功的財政部長要流露出自信和深厚的市場知識，同時也是總統經濟願景的忠實發言人。九一一事件後的時代又替這個職權範圍添加了一個新難題：維持美元的優越地位，甚至把它當成戰爭武器。

打從第一天起，財政部長就必須準備好克服災難，因為財政部位於經濟危機的前線。這項任務的其中一個關鍵，就是確保美元的穩定，以求井然有序和零風險的公債市場；這包含了財政部長的個人操守和威嚴。歐尼爾曾經私下小聲說過魯賓的強勢美元政策是「一坨屎」，而且還跟波諾在烏干達一起吃路邊攤，他早就已經失去投資人的信心了。

當財政部長失去民心，美元的無瑕地位便會出現裂痕，而小布希時代就有兩位財政部長發生這種事。歐尼爾因為我行我素而遭到開除，他不適合領導財政部，也不符合這個職位的

12 編按：愛爾蘭搖滾樂團U2的主唱兼旋律吉他手。

13 編按：一九七六年成立於都柏林的愛爾蘭四人制搖滾樂團。

要求。他的繼任者（雖然是自行離職，但還是活在「無法接替魯賓的位置」的陰影下）則被人視為經濟啦啦隊長，而不是政策制定者。這兩個案例中，問題的中心都是對於貨幣政策運作的錯誤觀念，而且對於美元神聖性的反對聲音，都是來自美國內部。

不得信任的財政部長

「可信度對任何財政部長而言都是至關重要的資產，因為金融恐慌或危機可能會突然襲來，需要財政部長說些安撫的話。」一九九九至二〇〇一年的財政部長薩默斯說道：「假如這種時刻到來，財政部長將會後悔自己以前的虛假聲明、高度政治性的預報，或是沒有根據的斷言。」

歐尼爾的任期就充滿了前述這些意見。首先，他取笑了自己最主要的選民們。歐尼爾並不是針對市場的抽象本質自言自語，而是偶爾會公開貶損股票、債券和貨幣交易人的工作，說他們只是「坐在閃爍的綠色螢幕前面」，在桌上交易金錢。歐尼爾剛上任時就講了這種油嘴滑舌的話，難怪華爾街在他整個任期內都完全不信任他。

此外，歐尼爾也疏遠了另一群重要的利害關係人：那些決定財政支出的立法者。歐尼爾的任何重大經濟提案都需要得到他們同意。在他之前的財政部長——大名鼎鼎的魯賓，很努力發展和維持自己和眾議員、參議員之間的聯繫，但歐尼爾卻把他們的工作貶稱為「演藝事業」。

小布希總統想在自己的第一任期打造可靠的經濟團隊，卻栽了跟頭；這也凸顯出無能的財政部長挖了多少坑。歐尼爾口不擇言，加上小布希執政時的白宮內部就像在割喉廝殺一樣，所以他只做了二十三個月就下臺了。

事實也證明，他無法理解自己是替總統實現願景的總管，總統權力比他更大。歐尼爾除了風格古怪、不受交易人信任，還有更糟的地方：對他來說，擁護一項他並不完全認同的經濟願景，實在是既痛苦又困難。從他的角度看來，減稅計畫是總統競選活動的政見，但由於他從來沒參與這件事，似乎便認為自己身為財政部長可以隨心所欲。他私下主張（並公開暗示）政府應該放棄某些減稅提案，因為他很擔心日漸膨脹的聯邦赤字。

他還提出財政部職權範圍外的倡議，表示自己仍在設法減少廠房所造成的傷害——勞工的工作環境有華氏一千五百度（譯按：約攝氏八百一十六度）的金屬，以及力量大到足以扯下整隻手臂的機械。他的同事聽了之後非常困惑，他再三跟財政部員工強調，職場安全在政府機關內也很重要。可是這些員工都是白領階級，坐在華盛頓特區的辦公隔間裡。或許他心裡依舊自認是美國鋁業公司的執行長，畢竟他經營這家鋁業大廠十幾年了。

小布希在自傳《抉擇時刻》（*Decision Points*，暫譯）中寫道，他和歐尼爾「一直合不來……他從來沒有獲得我的信任。」任何認識小布希的人都看得出來。這位總統喜歡替人取綽號，他本來用「巴勃羅」（Pablo）來親切的稱呼歐尼爾，後來變成有點惱怒的用「大

O」（Big O）稱呼對方。所有人都知道財政部長快要倒楣了。

小布希回顧過去，也承認他的第一個經濟團隊（包括前聯準會官員勞倫斯・林賽〔Lawrence Lindsey〕、前財政部官員格倫・哈伯德〔Glenn Hubbard〕）是「人事上的錯配」。這樣的組合打從一開始就削減了歐尼爾的機會：在一齣傳統的白宮奪權戲碼當中，有人每天阻止他參加白宮的高階官員會議（議程就是在這個會議中設定的）。除此之外，他向白宮提交一些涉及市場敏感議題的備忘錄，也被洩漏給媒體。

歐尼爾沒有成為經濟政策制定團隊中，受人信賴的圈內人（要辦到這件事，就必須跟同事結盟、上達天聽、並忠於那些使總統勝選的目標），因此由他領導財政部就顯得事倍功半。

所以小布希開除了他，但那是找到替代人選之後的事了。

財政部長的祕密面試

到了二〇〇二年，小布希已經變成自約翰・甘迺迪（John F. Kennedy）以來，最受選民歡迎的總統。這是因為九一一事件之後，美國在他的反恐願景之下團結起來。但**小布希有個問題：他是近二十五年來最不受投資人歡迎的總統。他麾下的財政部長太多嘴、經常不小心驚動市場，算是其中一個麻煩**。但更糟的是，美國的經濟看起來有夠像一九九二年那時候——經濟無力、每年勉強維持一・五%的成長，且失業率正在緩緩攀升。老布希就是因此無法連任。

二〇〇二年的標普五百指數，因為戰爭的威脅跌了二三%，這是從一九七四年福特總統對抗雙位數通膨以來最大的跌幅；美元跌了八．五%，是自老布希執政時以來最大的跌幅。

有了老布希無法連任的前車之鑑，小布希敏銳的意識到經濟萎靡不振所造成的危機。小布希現在需要一位新的財政部長，這位部長要夠威風，才能勸誘立法者重新回到他的計畫（振興經濟成長、創造就業機會），並且說服投資人，擴大預算赤字不一定是厄運降臨的前兆。他需要一位對金融市場有著如同魯賓一般魔力的共和黨員。

白宮很清楚一件事：這個人應該要跟歐尼爾完全相反。假如小布希想連任，那麼財政部長的步調就必須和白宮一致。

這不只是向華爾街討救兵這麼簡單而已。小布希與安隆公司（Enron，二〇〇一年因為史上最大的會計詐騙而倒閉，震驚世人）執行長肯尼思．萊（Kenneth Lay）的友誼，已成為政治上的累贅，也貶損企業大老們的形象，不過小布希團隊還是想從華爾街找人。他們的幕後團隊看上了嘉信理財集團（Charles Schwab Corp）的查爾斯．施瓦布（Charles Schwab），以及高盛的亨利．鮑爾森。

二〇〇二年十一月，小布希以「需要找人領導證券交易委員會」為表面理由，邀請美國第三大鐵路系統的董事長——史諾來白宮。這必須保密——事實上，就連史諾都不知道初期幾次面試期間，自己被視為財政部長的人選。政府部會當中，就屬財政部最特別，只要有一點風吹草動就會驚動市場，所以白宮的面試都必須祕密進行。這種時候，候選人會偷偷溜進東廂，遠離記者（在西廂工作）的窺探眼光。幾週之內，史諾就接替了歐尼爾部長的職位。

副總統迪克．錢尼（Dick Cheney），曾經請求歐尼爾謊稱自己已經遞出辭呈，但他不願意。「我太老了，無法現在才開始說謊。」歐尼爾說道，這是根據《忠誠的代價》（*The Price of Loyalty*，暫譯）一書的說法，該書的主題是小布希的總統任期，作者為普立茲獎獲獎記者榮恩．蘇斯金（Ron Suskind）。該書在二〇〇四年出版，其真實性引起爭議。它的內容是以歐尼爾提供的訪談和文件為基礎。歐尼爾告訴蘇斯金，沒人會相信他決定要從小布希政府離職。「認識我的人會說這不是真的。而不認識我的人會說：『歐尼爾是個膽小鬼——看到事情不妙就拋下總統逃走了。』」

實現總統的願景

光看書面資料，你很難分辨史諾和歐尼爾這兩個人。他們都來自美國中西部、都六十幾歲、都當過大型工業公司的執行長。他們也認識彼此，因為他們在一九七〇年代的福特政府就當過同事，而且兩人都跟老布希保持聯繫。

兩人皆缺乏金融市場的深度知識，而許多人認為這種知識是擔任財政部長的必備條件。「喔，太棒了，這就是我們需要的人，一個蓋鐵路的！」一位華爾街銀行主管出言諷刺：

「如果你希望軍隊打勝仗，那麼你的主帥就要訓練有素。同樣的原則也適用於財政部。」就跟對待歐尼爾一樣，投資人不會羞於展現出他們有多緊張（又一個中西部工業家要來執掌財政部了）：小布希提名史諾的那天，主要股票指數跌了二至四%。投資人已經嗅出味道——這次人事更動只是象徵性，不是實質的。

批評者說小布希缺乏完整的經濟議程，選中史諾也透露出他想繼續目前的願景（無論那是什麼），只是換個更好的業務員而已。不過史諾跟財政委員會的參議員們有著緊密的聯繫。為了處理「華爾街不信任小布希政府」這個問題，政府團隊回到魯賓的老地方，選中史蒂芬．傅利曼（Stephen Friedman，曾任高盛的共同董事長）擔任白宮國家經濟委員會會長。

史諾也得到了建議（說不定沒人這樣建議過他的前任部長們）：他的職責不是制定政策，而是實行民選總統的願景。史諾當上財政部長的第一週就上了一門課——喬治．舒茲（George Shultz）跑來賓夕法尼亞大道一五〇〇號的辦公室拜訪他。他們聊了一陣子，基本上解釋了小布希總統需要換掉財政部長的原因。

「約翰，以後會有人問你：『部長，您對美元的政策是什麼？稅賦的政策是什麼……那麼國際貨幣基金組織的黃金儲備呢？』無論問題是什麼，答案都是：『我告訴你，總統的政策是……。』」

史諾最有名的，就是他濃密的眉毛與美國中西部人的氣質；他生長於俄亥俄州托雷多市（Toledo）——一座勞動階級的工業城鎮，沉浸於二戰後黃金時代的繁榮。許多當地人在高中或專科學校念數學和工程，之後成為工具和模具工匠，生活也變得富裕。這些技藝高超的工匠促進底特律大量生產車子：底特律位於托雷多北方八十英里（譯按：約一百二十九公里）處，七十五號州際公路上，伊利湖（Lake Erie）的另一側。但史諾的父母雖然在這個地區深深扎根，卻不是從事製造業貿易。史諾形容他們是知識分子：父親是律師，母親是高中老師。史諾後來放棄就讀哈佛大學，在維吉尼亞大學兩位諾貝爾獎得主門下攻讀經濟學，接著還當上教授、律師，最後成為鐵路大老和公僕。

他同時也是經濟學博士，但儘管受過再多訓練，面對讓許多財政部長吃盡苦頭的美元陷阱（該怎麼談論美元而不引起激憤），才剛當上財政部長三個月的史諾就陷入了困境。

當他談論美元貨幣政策時，只想提供知識面的重點，結果過沒多久，美元就這裡跌一%、那裡也跌一%，在這段過程中他的可信度就受到了傷害。史諾覺得這樣很煩。

跌二%，其實還好而已

二〇〇三年，史諾在法國沿海城鎮多維爾（Deauville），就上演了一次宛如情境喜劇一般的故事。記者跟著史諾和美國財政部團隊，一起去參加世界最富裕國家（七大工業國組織）的財政部長會議。這個故事發生的場景還滿吉利的，因為多維爾距離一九四四年的諾曼第登陸地點只有二十七英里（譯按：約四十三公里），且登陸後幾個星期，布列敦森林會議就將美元加冕為王。

七大工業國會議準備開始之際，史諾與彭博新聞社的西蒙・甘迺迪（Simon Kennedy）等人，一起在多維爾皇家飯店（Hotel Le Royal Deauville）坐下，然後開始針對美元政策說教。在這次私底下的會面當中（這表示沒有任何一個字可以出現在新聞報導），史諾向六位記者談起出口和貨幣匯率之間的關係，以及貨幣為什麼由市場決定儲存價值。對於喜歡學者的和善記者來說，史諾只是在教他們貿易條件和貨幣如何運作，以解釋近期的美元貶值。可是對甘迺迪來說，美國財政部長已經扼殺了強勢美元政策。

史諾並不是每句話都不準確。但他只不過詳細說明了魯賓那句對於美元的規範性陳述，就被指控說他對強勢美元政策流露出反感的態度，何況此時交易人尚未相信財政部真的不再對外匯市場動手。

甘迺迪和其他跟著財政部的記者，一起擠在多維爾這間飯店大廳內奢華掛毯下的綠色沙發，他們聽著全世界權力最大的財政部長講了好幾小時的課，試著弄懂他們該怎麼做才可能報導，「財政部長已經重新定義了魯賓那個赫赫有名的強勢貨幣政策（對外匯市場而言）」。他們決定試著讓史諾在七大工業國會議結束後的記者會（實況轉播，而且完全可以報導），說出他私底下說過的話。

「您能定義您所謂的『強勢美元』嗎？」甘迺迪在一次記者會上問道，他的錄音帶正在捲動。

比起公關團隊希望財政部長說出的話，史諾的回應更加囉嗦，他每個字都受到世界各地的交易人和政策制定者剖析。

「你希望人們對你的貨幣有信心；認為這個貨幣是很好的交易媒介；擁有好的儲存價值，是人們願意持有的東西。」

甘迺迪坐在飯店臨時簡報室的前排，手上的鉛筆急促的劃過筆記本。史諾回答了更多問題之後，向記者表態說，過去一年來，美元對歐元跌了二一%，「其實還好」。

把這一切資訊綜合起來，甘迺迪覺得美國好像突然很喜歡美元近期的弱勢。假如這個趨勢持續下去，對製造商來說算是有利，因為他們的商品在海外會更便宜，全球銷售額轉換成美元時價值就會增加。

「市場很懷疑強勢美元政策是不是真的——因為很明顯就不是真的。」一位貨幣交易人說道。魯賓的口號（投資人說它的目的是維持美元在匯率市場的強勢）已經被「拋棄」了（根據另一位投資人的說法）。

踩進美元陷阱，總統幫忙擦屁股

甘迺迪的報導上了彭博的頭條：「史諾重新定義『強勢美元』，可能擴大貨幣跌幅。」財政部公共事務團隊的惡夢成真了。《華爾街日報》講得更過火：「財政部長約翰．史諾在週末時指出，小布希政府已經放棄了美國八年來的策略，也就是在口頭上支持外匯市場的『強勢』美元。」

兩篇文章都預告美元的「新策略」，可能會導致交易人拋售原本就很弱的美元，因為他們設想財政部長不會採取行動強化美元。這樣會使資本遠離美國，降低股票和債券的價值，進而傷及私人企業投資於經濟體的能力。

這些新聞報導還強調一句話——史諾的發言人在小布希時代的財政部已經重複講過好幾百次了：「美元政策沒有改變。」

然而沒什麼人相信。

多維爾這個場面，很像魯賓在越南和其他地方體驗過無數次的狀況，它說明了強勢美元政策有多麼不成熟。數十年後，史諾被問及這件事，他暗諷財經記者和貨幣交易人狼狽為奸。「記者喜歡聽財政部長說出跟前任不同調的話，而金融市場也喜歡，因為這樣會引起市場波動。」他在一次訪談中說道：「他們不在乎是漲是跌，但只要有波動，他們就很開心（任何事物的價格漲跌，都是交易人押注賺取利潤的機會）。」雖然這個話題是史諾任期內的痛處之一，但投資人和記者害他踩進美元陷阱這件事，他最後還是一笑置之：「他們有共生關係。」

金融市場（對美元地位扮演著極具影響力的角色）與財政部之間的互信，從來沒有這麼重要過。九一一事件後，美元已經徹底成為戰爭武器，而且在逐漸整合的世界經濟中，幾乎所有類型的商務核心都是美元。負責照顧這份資產的男人（好幾年後換成女人），如果想要贏得市場的尊敬，就必須很直覺的領略到市場的力量。

史諾和他的幕僚長克里斯．史密斯（Chris Smith）等人攜手合作，推行幾個策略，試圖打造一個可信且可複述的強勢美元口號。如果只是不再談論美元，大家反而會更擔心，因為市場確信是小布希想要弱化美元。這一點幫助都沒有，急著想賺錢的貨幣交易人，會慫恿記者去問史諾關於美元的事情。儘管史諾試圖讓自己嚴謹一點，仍無法像機器人般精確的傳遞強勢美元口號（魯賓和薩默斯讓交易人有了這種期待），反而還意外持續導致市場的波動。

「以前通常都是總統說錯話導致美元波動，然後財政部長出來安撫市場。但在這個星期五，史諾說美元近期的下跌是『有序的』、美元依舊處於歷史新高，結果讓美元又跌了，反而是小布希總統發言安撫大家。」《華爾街日報》寫道。此時史諾才上任十個月，這只是他在美元政策上造成的眾多事故之一。

總統的傳聲筒

儘管被捲入美元政策風波中，在大部分情況下，小布希總統都有達到他僱用史諾的目的：替他的經濟計畫找一位啦啦隊長。這位第七十三任財政部長，在二〇〇四年造訪了美國半數的州，並且避開大多數的國外行程。那年十一月，選民可以選擇讓小布希連任，或是將民主黨的約翰．凱瑞（John Kerry）送進白宮。根據財政部的新聞稿，史諾前往密蘇里、俄亥俄、奧勒岡、蒙大拿、緬因和北達科他，談論經濟狀況，以及「宣傳小布希總統的經濟願景」。

一路上，史諾花時間巡視工地，走訪學校、養老院、旅館，甚至一間熊熊工作室的店面。他的工作是正面描述小布希第二任期的展望（從佛羅里達到內華達），他還告訴一位地方企業領袖，內華達最近創造了三千八百個就業機會，並且推廣聯邦準備金，以幫助旅館業主與其他人獲得恐怖主義保險。旅途的休息時間，他就跟記者和特勤局幹員打籃球。

但這不代表他能逃過可怕的美元問題。

在克里夫蘭某間學校的體育館，有一名學生問史諾對美元有什麼看法。史諾轉頭瞪向緊跟著他的記者，以為是他們推這名學生出來問他最討厭的問題。

這種像在助選的行程只是更加鞏固史諾的形象——他是小布希的業務員，不是政策制定者。他擅長團隊合作，銷售他沒有參與製作的產品，而不是擔任政策創新者。政治圈和金融圈嚴厲批評史諾，有著財政部長的聲望卻淪為傳聲筒。他們看著史諾在橢圓形辦公室的影響力變小，在總統核心集團做決策時，也被邊緣化。當時威廉．杜德利（William Dudley，在史諾時代是高盛的經濟學家，後來當上紐約聯邦準備銀行（Federal Reserve Bank of New York）的總裁）在華爾街說道：「我強烈推測主要經濟策略並不是由財政部負責。」史諾一直無法通過記者給他的測試，這樣真的沒有幫助。

這不是好消息。在罕見的情況下，美國財政部長有必要安撫緊張不安的市場。但歐尼爾從來就沒有這種力量。而且到了二〇〇五年，小布希發現史諾也已經偏離了美國財政部長的核心職責。

史諾從未完全贏得投資人和國會的信任，最大的原因在於，他總是忍不住失言造成市場波動，就跟歐尼爾任內遇到的麻煩一樣。

就算魯賓卸任好幾年了，他所造成的陰影還是很大一片。

被唱衰的財政部長

謠傳小布希總統想要換掉史諾，所以公關大師托尼・弗拉托（Salvatore Antonio "Tony" Fratto）的任務是向世人保證，史諾還會留在財政部。他要反駁一條又一條唱衰史諾前途的頭條。二〇〇四年十一月，一條頭條就寫著：「財政部長史諾，受小布希相挺，仍須面對質疑。」弗拉托跟媒體的戰爭持續了十八個月。

總統公開表露了他對財政部長的信心，卻仍然站不住腳，對情勢毫無幫助。《華盛頓郵報》和《紐約時報》都引用匿名政府官員的說法：總統想在幾個月內換個新的財政部長。有一次白宮等了整整十天、大家開始恐慌之後，才出面駁斥「小布希要開除史諾」的新聞報導，這段小插曲還真是難堪。新聞權威人士說，史諾的可信度在這段不確定的時期已經受損。弗拉托回憶道：「假如所有人都認為史諾的任期剩沒幾天，他要怎麼跟立法者和七大工業國協商？」

總統本人現在也參了一腳，任由美國財政部的聲望在各國財政部長、投資人和立法者面前一落千丈。這種情況持續了好幾個月。

然而，在幕後的情況卻是山雨欲來：小布希正在主動尋找史諾的替代人選。財政部長已私下表示他渴望重回私人生活，而總統答應了。下一位美元總管，很快就成為金融危機期間的指揮官：這個危機太深、太有毀滅性，唯有創新的政策制定，才能將整個經濟體徹底的從災難中拯救出來。此時還沒人預料到這件事——不過小布希意識到他需要強悍的財政部長。

問題在於，這個職位的完美人選一直說他不要。

第九章

華爾街軍備競賽

打從鮑爾森還在達特茅斯學院（Dartmouth College）美式足球隊擔任進攻截鋒（身材有點瘦小）時，他就是一個勇於面對問題、不輕易逃避的人了。

一九六〇年代晚期，當鮑爾森身穿綠白相間、背號七十六號的足球衣，以一百九十八磅（譯按：約八十九公斤）的體重全力撞向對手時，他知道接下來會發生什麼事。在鮑爾森強力的截球和毫不動搖的團隊精神之下，他現身時穿著的球衣通常都是團隊裡最髒的。但鮑爾森對於自己這種保護隊友的積極風格毫不後悔——他就是這樣保護並幫助他的四分衛，也因此得到了「大槌漢克」（Hank the Hammer）這個暱稱。鮑爾森在達特茅斯學院的四年間只輸過四場球，這樣的戰績使他成為常春藤盟校的體育傳奇之一。

四十年後，當身著黑色西裝和領帶，開始財政部長任期的第一天時，鮑爾森勇於面對問題的老習慣將會派上用場。

二〇〇六年，華爾街正在進行獲利軍備競賽。銀行巨獸和金融機構正在發展複雜的金融商品，在美國住宅和汽車產業強到不尋常的信貸繁榮期支持下，推動各種賺錢方式。從二〇〇三年十二月到二〇〇六年末，美國股市漲了二八％，數百萬美國人的退休帳戶都增加了數萬美元（至少書面紀錄是這樣）。買房子並且實現隨之而來的美國夢、進而邁向富裕的未來——這件事很少這麼容易過。

而且背後的銀行家全都累積了龐大的個人和企業財富。鮑爾森身為高盛的總裁，當時的年收入高達三千七百萬美元，因為高盛的股價創下史上新高。從鮑爾森的角度來看（他是全華爾街羨慕的對象），這種生活真是好到不行。

財政部長通常是一群不帶感情的人。他們身負巨大的責任，必須迂迴穿過意識形態口角所組成的政治叢林，走進全球金融體系和立法的雜亂脈絡之中。我們希望執掌美國財政部的人，通曉經濟和金融，並了解穩定性和可預測性（任何跟美國金錢和債務有關的事物）的重要性。假如任何政策阻礙了穩定性和可預測性，我們就需要一位部長賭上他的個人信譽，保護國家最寶貴的資產：美元。

可是正當國家對財政部長要求最多的時候（也就是當國家的經濟信條處於危機時），這個職位的人選，就突然變成必須願意創意思考、將權力發揮到極限、並且像足球場上的進攻截鋒一樣迅速行動。哪怕到最後，他現身時比團隊裡任何人都還要泥濘。**私人企業中沒幾個工作能讓一個人具備財政部長必備的獨特條件，但經營高盛已經算非常接近了。**

尋找能鎮住華爾街的財務部長

高盛這間跨國投資銀行是華爾街的寵兒，有一百五十年的歷史，以影響力（而且跟收益相符）及觸及範圍延伸至全球各地自豪。它培養出的公僕系譜可說是史無前例：澳洲總理麥肯．滕博爾（Malcolm Turnbull）、前義大利總理德拉吉（曾任歐洲央行總裁），當然還有魯賓。高盛還出了一大堆國會議員、總統經濟顧問、白宮幕僚長、央行總裁，多到數不完，因此它有一個綽號：「高盛政府」（Government Sachs）。

鮑爾森花了三十年攀上這隻神聖巨獸的頂端，他早已獲得、實踐並精通高盛提供的所有交易手段。就像他在達特茅斯學院獲得的稱號「大槌漢克」一樣，令人既畏懼又敬佩。他採納了「讓所有客戶覺得他們是全天下最重要的客戶」的銀行文化，並了解到「留意更廣泛的政策需求以確保經濟健全」的重要性——就像他運用執行長這個高階職位，鼓勵中國開放私人企業。鮑爾森也在幕後幫助高盛，從私人合夥公司轉型成公開上市公司，當時公布的季利潤達到了證券業史上的最高紀錄。除此之外，鮑爾森還維持著運動員的身材，再加上他堂堂六英尺身高，立刻就能獲得尊重。

如果更深入探索鮑爾森的經歷，你會發現他很了解「努力工作才能改變命運」的意義。他出身於美國心臟地帶，一九四〇年代晚期至一九五〇年代在伊利諾州巴靈頓（Barrington）一座農場長大。他養了一隻烏鴉和浣熊當寵物，家裡還有幾頭乳牛提供牛奶給家人。十四歲時當上鷹級童軍，由於家裡經濟狀況經常很拮据，他會攪拌乳脂來製作奶油。

這一切都使鮑爾森成長，爾後成為了內閣疑難雜症（小布希總統在任內始終都不堪其擾）的完美解藥。小布希已經開除了他的第一任財政部長，而第二任部長史諾正在做白宮要他做的事情：儀式性的推動白宮幕僚所設定的政策。結果這種方法並沒有獲得金融圈太多信任。財政部長應該不只是經濟發言人而已，他必須驅動和設定經濟政策。小布希接連挑了兩個人，都被全球投資人社群打槍——他們對財政部長的接受度，是成功經濟議程的關鍵要素之一。

如果億萬富翁巴菲特（被某些人稱為「市場先生」〔Mr. Market〕）的預言是對的——「短期內，市場就是一臺投票機」，那麼小布希就必須找到一位能夠立刻鎮住華爾街的財政部長。財政部為聯邦債券（也就是公債）市場付出的努力，只會更加重要：這個市場在過去二十年內已經成長了二五%以上，達到將近八兆兩千億美元。

美國首席債券業務員的職責，比他之前任何一任都重大得多。到了二〇〇六年，世界靠美元運作。在高度整合的世界經濟中，它的網絡幾乎觸及所有人。美國正在享受其權力高峰，並且受到民主政府、法治和獨立司法的支持。「美國太大、太重要，所以當它失足，絕對會把全世界一起拖下水。」——這已經是經濟信條了。

叫我漢克就好

某些方面來說，鮑爾森不太像財政部長的人選。首先，他雖然是金融界的巨頭，但沒有華爾街的架子。無論面對重要的客戶還是大膽的記者，他大多數的對話都是這樣開頭：「你叫我漢克就好，這樣會輕鬆很多。」他會摒除跟正式頭銜相關的拘謹禮節，藉此立即傳達一件事：他覺得知識比位階還重要。

更重要的是，他一直拒接的那份工作，跟他同樣出身背景的人卻渴望得要命。拒接的理由，有一部分是因為這個職缺並非完全是爽缺：到了二〇〇六年春天，小布希總統已經糟蹋了兩大黨在九一一事件後對他的認同感，因為他堅持對伊拉克發動戰爭，而美國人越來越覺得這樣很蠢。小布希在伊拉克找不到大規模毀滅性的武器已經夠慘了，沒想到還有更慘的——他對卡崔娜颶風（Hurricane Katrina）的輕忽及救災不力，讓原本低落的地位雪上加霜。一份蓋洛普（Gallup）民調顯示，有五九％的美國人不認同小布希的作為。因此那年三月，小布希挑中約書亞．博爾頓（Joshua Bolten，熱愛摩托車，曾在名叫「注意力缺失症」〔Deficit Attention Disorder〕的樂團中演出）擔任他的幕僚長——他需要嶄新的觀點。

博爾頓開始評估政府的首席顧問團，結果他發現經濟團隊與其他的部門格格不入。從總統剛上任時，它就已經充滿了緊張與衝突，而且博爾頓擔心他們對於意料之外的事情缺乏準備。小布希總統任內已經面臨過幾次以前無法想像的災難：飛機撞倒曼哈頓的摩天大樓、一次毀滅性的天災，更別提兩次企業醜聞和一次經濟衰退。這不禁讓博爾頓思考「莫非定律」（Murphy's Law）——假如事情可能出錯，那大概就會出錯。金融方面的問題，似乎是唯一剩下的東西了。

那時，隨著九一一事件五週年即將到來，美元已然成為充分發展的戰爭武器，也讓美國有權力強迫其他國家接受它的外交政策。這種以新形式展開的金融戰爭，利用了美元的全部力量，與其在全球商務中的不可或缺性。現在，只要美國外交失敗、又沒有準備要採取軍事行動時，財政部就會準備好隨時行使這新穎的金融裁決手段。大約二〇〇六年那時，財政部正在追蹤伊拉克總統薩達姆・海珊（Saddam Hussein）所擁有的數百億美元。

但鮑爾森不太敢踏進小布希培養出來的縮編財政部，而且他也懷疑自己在第二任政府的最後幾年能達成多少事情。如果要讓鮑爾森改變心意，就必須發揮一些創意。

有人想了個妙計，找了一位財政部老臣幫忙。那位老臣在三屆政府擔任過三個不同的內閣官職，早已成為華盛頓的顯赫勢力：詹姆斯・貝克，一九八〇年代的財政部長，他曾成功說服全世界弱化美元的價值。在一次會面中，貝克正面處理鮑爾森擔心的事情，還建議鮑爾森開出願意接受這份工作的條件。貝克保證財政部長會得到美國總統麾下最高經濟首長應有的尊重和自主權，希望能成功說服鮑爾森。（鮑爾森把這件事記在心裡，所以他最後要求能夠直接聯絡總統、自由挑選自己的幕僚、以及向政治性旅遊說不的餘地——畢竟約翰・史諾就是這樣失足的。這些條件都被答應了。）

使部長願意就任的妙計

博爾頓也一直施壓想招募鮑爾森，但鮑爾森一直拒絕。該怎麼跟家人報告這個消息？鮑爾森的家人們全是死忠的自由派（當他終於告訴母親自己加入小布希的內閣時，母親居然哭了）！除此之外，鮑爾森還很務實，要放棄他在「華爾街皇室」的職位，加入一個總統已經做兩任的跛腳政府（支持率還低到可笑）——這跟他在高盛任職的生活將會形成明顯對比。

他的年收入將從數千萬美元變成不到二十萬美元，而且還要受到大眾和國會的公開審查，不像以前只受到股價波動或公司閉門會議的間接審查。

於是博爾頓設計了一個聰明的計策，來誘惑他那個不情願的目標。白宮邀請鮑爾森參加一場正式的午宴，中國主席胡錦濤也會出席——這場盛事肯定能打動鮑爾森，因為他擔任高盛執行長時，就已經去中國出差過好幾十次，並且和中國的領導人建立了親密的關係。

小布希在白宮東廂房三個巨大的水晶吊燈下舉辦午宴，這裡是官邸中最合適的地點之一。它是行政官邸中最大的房間，特色是十八世紀晚期的建築風格、天花板上的鑲邊飾物、橡木地板，以及喬治．華盛頓總統的全身肖像。七位在任內過世的總統，在這個豪華的房間中安息。《民權法案》（*Civil Rights Act*）就是在這裡簽署的，後來歐巴馬總統也在這裡宣布賓．拉登的死訊。但是在二〇〇六年四月二十日星期四，這裡是午宴的場地，為了向一位中國要人致敬——也是為了讓小布希總統向鮑爾森夫婦獻殷勤。

這對夫婦是一百五十位菁英賓客的一部分，他們享受了納什維爾藍草樂隊（Nashville Bluegrass Band）[14]、野生捕撈的阿拉斯加大比目魚、以及薑味餃子。場面如此盛大，引起了鮑爾森的注意。鮑爾森在回憶錄《峭壁邊緣》（*On the Brink*）寫道，午餐後他和太太溫蒂（Wendy）散步了一小段路，走到隔壁的財政部大樓，欣賞華盛頓盛開的櫻花。在他們散步時，鮑爾森開始懷疑自己拒接這份工作是不是錯了。「你真的要等到七十五歲，才跟大家說『我本來可以當上財政部長』？」一位親密好友問過他。

胡錦濤主席高調參訪白宮後，評論家很失望，因為小布希在美中之間持續已久的巨大貿易失衡上，並沒有獲得更多進展。但這一天也不是全盤皆輸，因為他在這天贏得鮑爾森的心。

所有美國人都可以信任的人

鮑爾森還要再過幾週才會接下這份工作。他保持緘默，因此有很大的優勢可以討價還價。鮑爾森告訴小布希，唯有能夠真正主導經濟政策、並且能夠直接聯絡總統，他才願意接下這份工作。小布希知道只要招募這種人，政府就會有一位忠於既有經濟議程的人，而且他還是一位大學校隊球員，打從第一天就準備要全力戰鬥。

於是小布希答應了鮑爾森開出的所有條件。

二〇〇六年七月十日星期一，上午十一點二十分左右，大法官約翰·羅勃茲（John Roberts）協助打破了華爾街對於小布希經濟團隊的唱衰詛咒。這場儀式在電視上實況轉播，鮑爾森宣誓就任美國的第七十四任財政部長。小布希從白宮走到現場，告訴全世界，新上任的財政部長將會是政府經濟議程的「首席發言人」，並將他形容成「所有美國人都可以信任的人」。當小布希吹捧鮑爾森「精通全球市場知識」時，你就明白他學到教訓了：前兩

14 編按：納什維爾藍草樂隊是成立於一九八四年的合奏團，每位成員都是來自納什維爾藍草社區的知名音樂家。

任財政部長都無法搞定投資人。總統說道：「財政部長是領導我經濟團隊的力量，也是我的經濟政策的首席發言人。」這句話可以解讀成他在對經濟團隊的其他成員喊話，因為這個團隊過去六年來，都在扯財政部長的後腿。

鮑爾森接手的美國經濟正處於繁榮期。它的成長率高達五．六％，過去三年內創造了五百四十萬個就業機會，失業率降低了四．七％——大多數經濟學家都說，這種水準反映出健全的經濟。鮑爾森的承平時期願景（沒想到十八個月後，他必須奮力拯救動盪的經濟），包括將重心放在鼓勵國際社群維持公平貿易的政策以及減稅。但在七月的某個大熱天，總統做出了承諾（事後聽起來非常不妙）：「美國經濟強大、富饒又繁榮，而我期待和鮑爾森合作，以維持這個榮景。」

當美國最需要強勢的財政部，以及它對美元的支配管理時，小布希對鮑爾森這位新任財政部長做出的所有承諾，即將發揮作用（讓鮑爾森得以重建財政部的光輝與權力）。鮑爾森知道他的首要任務之一，將會是恢復財政部的可信度，對象包括市場、華盛頓和全世界。鮑爾森透過之前談判得到的、與總統間頻繁且簡單的聯絡管道，清楚表明他跟總統之間有著穩健的關係，每個人都知道首席經濟顧問是誰。「財政部不再是政策制定上的次要角色、只能等待白宮告訴它要怎麼做。」他之後說道。

當鮑爾森開口說話，投資人、立法者、政府內的同事、以及其他國家的財政部長都會側耳傾聽。就像魯賓時代那樣，財政部在鮑爾森的領導下，鮮少意外觸發市場波動，而且他願意做任何事情來維持市場的平靜。鮑爾森利用他首次大型經濟演說，重申財政部效忠強勢美元口號：「我相信強勢美元符合我國的最大利益，而且貨幣價值應該由開放且競爭的市場來決定，以反映潛在的經濟基本面。」

歐尼爾和史諾每次講這種話都會陷入麻煩，但鮑爾森講這句話，市場卻沒有質疑他的用意。一位投資人回想起這位新任財政部長的首次大型演說，他說鮑爾森「很謹慎，而且都說對的事情」。畢竟鮑爾森的出身背景跟那些投資人一樣，因此有效鎮住了市場對於美元的驚惶失措。

華爾街終於不再苦苦哀求魯賓回歸了。

「漢克」的形象

走在財政部三樓宛如棋盤的大理石地板走廊上，你可能會把此處誤認為，一場收錄長達兩百年白人男性的時裝展覽。這裡有戴著殖民時期假髮和絲質領巾的男性油畫：這些男性擺出氣派的姿勢，站在鮮紅絲絨布幔和粗厚的石柱（類似希臘復興式建築風格）中間；有些人穿著一八○○年代流行風格的西裝，包含一件背心、一件及膝的長外衣以及長褲。這些比真人還大的肖像，畫的全都是擺出威嚴姿勢的男人：坐在桃花心木和皮革製成的扶手椅上，旁邊擺著一疊紙，懷錶閃閃發光的金鏈清晰可見；或是一隻手肘靠在窗臺，另一隻手拿著冒煙的菸斗，背景則是白宮——清楚的象徵著財政部長有多麼接近國家的權力中心。幾乎所有展示出來的人，都穿著全套西裝和領帶。

然後其中有一張肖像畫著一位高大、有點不修邊幅的禿頭男性，戴著眼鏡，沒穿西裝外套，雙手插在口袋裡，臉上閃過一絲壓力和焦躁，就好像畫家必須攔住這位從男廁趕回辦公室的模特兒，並且懇求他迅速擺個姿勢——他的襯衫下擺都露出來了。這張畫的背景並非實景，而是以青苔色印象派風格呈現。

鮑爾森部長在這張肖像畫中給人的印象，反映出了他充滿活力又急迫的政策制定風格和外交手腕（這是他任內的特色），以及工作時的謙遜態度——他喜歡大家都叫他「漢克」。

鮑爾森被選中、遊說、最終被說服接受這份工作，這對全球經濟來說，或許是這個時代最湊巧的發展。鮑爾森接任財政部長後一年半之內（在他之前的兩任部長都缺乏領導經濟政策所必備的市場實務經驗以及威嚴），世界便陷入百年以來最糟的金融危機。他將要說服政府內的同事以及共和黨、民主黨的同仁，他所構思的那些既醜陋又有政治風險的選項，是唯一能讓美國（以及全世界）脫離困境的方法。

嚴謹的美元大師

每張威嚴的美國財政部長畫像，背後都有數十位無名英雄，努力的建構、培養和操作美元。雖然外交和經濟圈外的人多半不認識他們，但約八萬名在任何時期替財政部效力的職員，都要做好基本工作以維持美元穩定，即使官僚機構一直在共和黨與民主黨之間來回輪替。

以索貝爾為例。他在財政部任職的四十年期間，幾乎不會在公開場合隨便吐出任何字，並且嚴格遵守規則，大部分的話都交給政務官來說。這位戴眼鏡的職業官僚，在二十幾歲時受到卡特（Jimmy Carter，美國第三十九任總統）政府僱用，整個生涯中擔任過很多職位。他的頭銜真的很拗口，像是「國際貨幣與金融政策副助理次長」。叫他「美元大師」或許更貼切，鮑爾森曾說過：「美國政府內部沒有人比索貝爾更懂貨幣政策，而且有透澈的分析可以佐證。」

索貝爾是一位謙虛又內向的冷面笑匠。他戴著同一只黑色卡西歐（Casio）手錶好幾年，而且不喜歡分享私人生活的細節，但他喜歡貓和大學籃球。好幾年來他都維持著傳統：財政部裡頭只要有人當了爸媽，就會收到他送的嬰兒連身衣或圍兜，顏色則是紅金相間，也就是他最愛的球隊「佛羅里達州立大學塞米諾爾隊」（Florida State Seminoles）的配色。這個男人在財政部的長官（通常都是來自華爾街的大富翁），通過參議院的艱難考驗後，才能確認成為部長或是部長的助理。但無論這些政務官的形象有多麼偉大，索貝爾可是有著制面和文化面的知識力量（來自多年美國經濟外交經驗），而且他的勇氣通過考驗——他擔任過七屆政府官員，早已證明自己的韌性。他也知道哪幾位部長只要不喜歡助理寫的講稿，就會像小孩子般耍脾氣，把那張稿子摔在地上踩（假如你想知道這些部長是誰，你必須先過他這一關。好的公務員永遠不會洩漏事情)。

好幾位官員回想自己與索貝爾共事的時光，都形容他有點「壞脾氣」、或者「熟了才知道他的好」，同時也是位既不妥協又有成效的談判專家，多次代表美國參加七大工業國和二十大工業國會議。這或許是因為他很坦率，而且從來不怕那些經常跑來當官的大人物。索貝爾對於自己在美國政策核心擔任官僚的成就很自豪——他分享過自己生涯中最光彩的時刻，從這個故事就能聽出他多麼自豪。財政部長蓋特納將索貝爾介紹給歐巴馬總統時，稱他為「官僚中的官僚」，也就是非常傑出的官僚的意思。蓋特納開玩笑說，他講這句話既是恭維也是侮辱。

美元的「修辭生命線」

索貝爾在美國經濟史上的關鍵時刻，就用上了這種精湛能力。二〇〇八年春天，美國經濟前景岌岌可危，尤其是那年三月，巨獸級投資銀行貝爾斯登（Bear Stearns）破產之後。為了遏止災難的發生，聯準會大幅調降利率，導致美元弱化。美元暴跌令外國經濟官員越看越慌，尤其是法國和德國。美國於公於私都被歐洲官員嚴厲批評，說它不在乎貨幣的惡化局面。這些國家擔心自己的經濟前景受到傷害，因為弱勢美元將會妨礙它們對美國的出口（美國人會發現外國貨變貴了）。

索貝爾私底下跟一群歐洲人聊天時，聽到一個令人擔心的字眼。其中一位政府官員用「善意忽視」這個詞，來形容美國的貨幣政策。雖然這個詞對民眾來說沒什麼意義，索貝爾卻被它挑起情緒：這個名詞令人回想起尼克森時期、一九四〇年代在布列敦森林建立起來的貨幣制度，就是在此時瓦解（美國放棄了金本位）。

根據索貝爾表示：「這個名詞傳達了一種印象（就是我們沒有留意其他國家），而且帶有貶義。」況且由於美國已經造成了金融與經濟危機、讓大多數國家現在深陷其中，這個話題就變得特別敏感。

此時干預貨幣已經不再是標準做法。事實上，自從二〇〇一年一月小布希上任以來，財政部官員還沒有介入買賣過美元。投資人對於美元言論的執念已經消散了大半（感謝魯賓和鮑爾森），而且全球外匯市場太大了，如果還有人覺得介入能成功，那也太可笑。

然而到二〇〇八年五月為止的十二個月，美元暴跌了將近一三%，令財政部和聯準會的官員很擔心。不只是美國的盟友很火大，這對國內的通膨也是壞事，因為油價跟著上漲。

索貝爾跟聯準會經濟學家南森．希茨（Nathan Sheets，後來將會負責監督財政部的國際經濟政策）合作，向財政部和聯準會高階官員提出一個非傳統建議：聯準會主席班．柏南克（Ben Bernanke）此時應該明白的打破傳統、談論美元。

截至目前為止，索貝爾已經在財政部擔任過六個以上不同的職位。他根據自己三十年的經驗，發現了一個機會，後來報紙稱之為美元的「修辭生命線」。首先，聯準會正要開始維持利率穩定：官員開口拉抬美元時，聯準會排除了調降利率（進而使美元下跌）的可能性。

第二，歐洲和美國顯然正在為了被壓低的美元而大聲爭吵。此時必須表現出團結氣氛，以維持一絲「美國經濟將會快速恢復」的期望。這對世界經濟而言是很脆弱的時刻，而對著美元逞口舌之勇是很低劣的操作手段。「只有財政部長亨利．鮑爾森可以開口拉抬美元」，這感覺就像標準作業流程——市場對它是免疫的。於是索貝爾構思了一場雙人快攻讓美元回漲，最後獲得歐洲官員和市場的喝采。

用美元言論來「打破大盤」

索貝爾的計畫是如此展開的：六月一日，鮑爾森在阿拉伯聯合大公國演說時，搬出了財政部那句老話（這句話把他兩位前任擊垮了），但是語氣更重了些：「我已經再三表明，強勢的美元符合我們的國家利益。」光是這幾個字就足以讓美元開始走強了。

他繼續說道：「美元自從二戰之後就已經是世界的儲備貨幣，而且理由很充分。」鮑爾森提到美國的巨大經濟體、以及安全的資本市場，接著重申他對振興美國經濟政策的承諾。然後他做出更戲劇性的聲明：「美國經濟的長期健全度以及強健的潛在基本面，將會大放異彩，並且反映在貨幣價值上。」

接著換柏南克出招。這招是聯準會和財政部官員小心翼翼設計出來的，由索貝爾默默的操盤。「我們和財政部同仁攜手合作，持續謹慎監控匯率市場的發展。」他透過衛星在西班牙巴塞隆納一場會議上說道。柏南克接著承認美國經濟的困境，並隨後表示對美元下跌的「不樂見」。

訊息傳開了。接下來幾週，索貝爾的妙計（用美元言論來「打敗大盤」）引發美元價值回漲，也平息了折騰貨幣市場好幾週的波動。在這美國經濟脆弱的時刻，聯準會和財政部需要權宜之計，解決迅速惡化的美元不穩定性問題，正是索貝爾獻計來保護這個國家的貨幣。

但假如你問他，最喜歡「漢克時代」的故事是什麼，他會告訴你另一個不同的美元故事。當時他跟鮑爾森都在南非，二十大工業國會議結束後，鮑爾森正準備要跟記者說話。索貝爾問財政部長，如果記者不可避免的問起他對美元的看法，他有準備嗎？鮑爾森說他準備好了，然後突然唱起強尼．凱許（Johnny Cash）的歌曲〈火圈〉（*Ring of Fire*）：「我掉進燃燒的火圈，往下掉啊、掉啊、掉啊，而火焰燒得更旺……。」沒人笑得比鮑爾森更大聲。

以上就是索貝爾的事蹟——直到他在川普政府初期以六十四歲的年齡退休之前，他一直都在保護美元，並且特別提防他眼中那些害強勢美元政策失控的罪魁禍首：記者。

「記者總是試圖套出或引起評論，因為他們知道這樣將會驚動市場，然後得到大量關注。這樣他們才有東西可以寫。」他曾經說過。「這就是為什麼，像我這樣的人總是會在場徘徊戒備。」

七千億美元的世紀豪賭

到了二〇〇八年九月，美國總統選情持續升溫，而全球金融危機也陷入了水深火熱之中。這是歐巴馬和約翰・馬侃（John McCain）之間的競賽；後者必須在選舉中面對棘手的局面，與前總統應對經濟衰退時採取的不良解法保持距離。大約與馬侃和歐巴馬首次總統辯論會對決的同一時間，危機達到了高峰：雷曼兄弟投資銀行（Lehman Brothers）破產，而且聯邦政府被迫接管房貸巨頭房利美（Fannie Mae）和房地美（Freddie Mac）的所有權。

華盛頓內部發生的所有事情都有爭議。鮑爾森力勸政府拿出七千億美元替華爾街紓困，這個舉動令一群老百姓感到厭惡，因為他們可是連房子和畢生積蓄都沒了。這項計畫意味著動用稅金，從金融機構那裡購入有毒資產和股份。這項採購計畫叫做「問題資產救助計畫」（Troubled Asset Relief Program，簡稱TARP），目標是穩定正在快速惡化的金融產業。沒人喜歡這個主意，但鮑爾森解釋說，這是唯一能把美國從徹底崩潰的經濟中拯救出來的方法。

這一點鮑爾森能夠成功傳達給小布希，而且這也是為什麼，他打從一開始就如此積極的攬下這份差事。

「當金融危機襲來，世界上應該沒有任何關係比總統和財政部長之間更重要。」博爾頓談到小布希和鮑爾森時如此說道。十幾年後博爾頓和鮑爾森一起上Podcast節目，博爾頓告訴鮑爾森：「你已經有自信，所以能告訴他：『接下來兩小時內，我們必須做一件戲劇性的事情，而你必須信任我，這是對的事。』」

醜陋的問題，卻只有糟糕又不完美的解方。這就是鮑爾森不斷跟總統、國會和美國人民談論的事情。「有計畫勝過沒計畫」是他的座右銘之一，他被迫做出倉促的決策，因為他沒有足夠的時間來彙整所有事實。

有一個時刻尤其能看出他的魅力和自信。那年九月，鮑爾森試圖增加國會的支持力以通過TARP，但他很難向立法者表達，為什麼如此可惡的計畫竟是拯救全球金融體系的最佳選項。小布希把國會和黨派領袖找來白宮內閣室開會。這群人包括總統候選人馬侃和歐巴馬、眾議院議長南西・裴洛西（Nancy Pelosi）、共和黨眾議員約翰・博納（John Boehner）、參議員米奇・麥康奈（Mitch McConnell）以及哈利・瑞德（Harry Reid）。噢，還有心灰意冷的鮑爾森。

「假如錢的發放標準沒有放寬，股市可能會往下跌。」小布希總統提及美國經濟時，跟這群人說道。

歐巴馬在會議中表示，民主黨員已準備投下必要的票讓TARP成為法律。但共和黨員不買單，於是這場會議就變成吵架大會，最後焦慮不安的小布希突然站起來宣布：「顯然我無法控制這場會議。散會吧。」鮑爾森很訝異他自己的黨居然成了絆腳石。

等到內閣室空無一人之後，鮑爾森沿著走廊走到羅斯福室（Roosevelt Room），小布希邀來的民主黨員都很生氣，正在圍著歐巴馬表示惋惜。鮑爾森走近裴洛西，站在她面前，然後做了一件連他自己都覺得好笑又驚訝的舉動：他雙腿一跪。「拜託您別毀了這件事。」他一邊懇求一邊看著裴洛西。裴洛西提醒他，是共和黨毀了這件事，不是他們。

其實財政部長是故意要輕鬆一下，而且還真有效。裴洛西維持住民主黨的支持，讓鮑爾森有時間找來足夠的共和黨員，通過二〇〇八年的《經濟穩定緊急法案》（*Emergency Economic Stabilization Act*），以批准TARP。

鮑爾森憑著自己的聲望和威嚴，說服了嚴重對立的國會，並贏得他們的信任。直到小布希政府結束為止，鮑爾森都採取爭議性行動以制止經濟癱瘓——全球金融體系有幾個部分破產了，拖垮美國某些最大、最古老的金融機構。這些行動包括與摩根大通銀行（J.P. Morgan）合作收購貝爾斯登；對房利美和房地美挹注數千億美元；以及讓雷曼兄弟解體。好萊塢賣座巨片《大賣空》（*The Big Short*，改編自麥可．路易士〔Michael Lewis〕的著作）就是在演這段時期，而且幾乎不必將其戲劇化。

大到不能倒，帶美國安然度過災難的最佳人選

鮑爾森在危機期間做出的連珠炮式決策，得到的批評和讚美一樣多。有人說「大槌漢克」動作神速，採取後續行動拯救了世界經濟；也有人替他取了帶有貶義的新綽號：「紓困先生」，因為他把稅金施捨給那些當初造成問題的機構。民調顯示「TARP」是美國人第

二討厭的字眼，第一討厭的則是「關達那摩」（Guantanamo）——它是一座拘留營，美軍在此處刑求跟恐怖主義有關的可疑敵兵，引起過許多爭議。批評者說鮑爾森失控了，尤其是二〇〇八年九月，他把房地美、房利美這兩間陷入麻煩的政府特許住宅融資公司，納入政府的控制中（這兩間公司擔保了美國半數以上的房貸）。至今大家都認為，這是令財政部疲於奔命的難題。

但鮑爾森使喚的可是全力運轉的財政部。他的政策制定和財政能力，都遭逢前任部長們所沒經歷過的考驗。他在緊要關頭，也就是美國經濟機構和美元受到考驗之前，恢復了大家對財政部的信心。雖然美元帝國內部釀成的金融危機令全世界深受其害，但美元的力量並沒有衰減，反而增強了。在這個波及全世界的連鎖危機期間，它始終都是避風港，投資人相信，美國跟它的民主制度將會倖存，因此美元的力量也會毫髮無傷。

沒想到小布希總統挑中的第三位（也是最後一位）財政部長，是帶著他安然度過災難的最佳人選。鮑爾森在美元力量面臨可怕威脅時主掌財政部。他的領導力以及那些共事者的努力（橫跨行政部門、國會、華爾街、聯邦準備系統），並非完全沒出錯，但他們都是英雄。

鮑爾森明白且成功度過了美國本土金融危機的明顯威脅，以及隨後的政治性邊緣政策。然而另一個比較不明顯的威脅，或許就是他的罩門——某個亞洲強國的新興實力和影響力，令美國心臟地帶慢慢枯竭的情況雪上加霜。

第十章

美元與人民幣正式對決

只要在俄亥俄州的夢蓮市（Moraine）待上一天，你就能親眼看見美國心臟地帶因為政府政策對強勢美元的支持而受害多深。你周圍的一切，都是強勢美元口號的後遺症「全球化」造成的傷害。五十多年來，玻璃製造業是這個俄亥俄西南部小鎮地方經濟的關鍵職缺來源，它提供了約一萬三千個就業機會。夢蓮市歌頌著二戰之後的繁榮，開始替富及第（Frigidaire）生產家電，讓全國家家戶戶都有微波爐和冰箱。在一九八〇和一九九〇年代，它的工廠加入了汽車產業，替典型的美國車生產底盤，包括奧斯摩比（Oldsmobile，已於二〇〇四年裁撤）、GMC（General Motors Truck Company）、雪佛蘭（Chevrolet）、別克（Buick）等。

然而隨著老布希和柯林頓簽署貿易協議、中國躋身世界貿易組織，夢蓮市達到了顛峰，然後就衰敗了——這些全都在同個世代內發生。美國各地的製造業州（像是威斯康辛、賓州、西維吉尼亞）都遭逢同樣命運，大批美國人成了月光族，無法找到薪資足以負擔最基本生活需求的工作。這些問題當中，有些可以追溯到全球金融危機。夢蓮市的工廠（最終僱用了兩萬四千名工人）撐不下去，在二〇〇八年聖誕節前兩天歇業了。

夢蓮市有許多問題都可以追溯到強勢美元。美國的經濟政策制定者，無法有效的度過、或甚至無法完全認清，開放貿易壁壘所產生的黑暗面：外國競爭者。國內有美國過度愛好風險所產生的金融危機（甚至波及其他國家），而且政府還善意忽視了全球化留給美國人的經濟痛楚。

中國的經濟轉型

但另一個威脅出現在遠東地區。自從一九七〇年代晚期，中國已經慢慢從「計畫經濟」轉型，它的經濟決策是由威權政府決定，由供需來決定的自由市場制度是它的看齊對象。對於一個成長如此迅速的國家來說，這可是一件大工程，而且它還要受到政府的微觀管理（micromanaged）[15]。即使從國際關係的角度來看，他的步調實在很慢，回顧一九八九年在北京發生的事情，就能解釋中國維持穩定的決心。

天安門廣場大屠殺前的那幾年，數百萬公民被政府要求放棄農業生活。這樣做意味著他們必須離開熟悉的環境，體驗都市生活的不確定性。這個轉變提高了家庭收入，並改善了平凡百姓的生計。但它造成了通貨膨脹，那些加入新經濟體系勞動力的人缺乏準備，使社會變得不穩定。

中國政府高層的腐敗更是加深了民怨。一九八九年六月，數千人開始聚集在天安門廣場（擁有數百年歷史的皇城前門，如今位於北京的中心）抗議和絕食。這個為期將近六週的事件（通常被稱為大屠殺，因為這次抗議有上百人喪生），最後在政府執行戒嚴之下才結束。

15 編按：「微觀管理」是一種管理風格，管理者透過密切觀察及操控被管理者，使被管理者達成管理者所指定的工作。相對於一般管理者只對較小型的工作給予一般指示，微觀管理者會監視及評核每一個步驟。

從那時起，中國的政治領導階層，就已經想要透過威權統治和經濟成長，來維持社會穩定。中國緊握的公共秩序基石，勉強稱得上共產黨和人民之間的大型協議：政治人物持續獨占權力，換取生活水準的改善。

這是很重要的歷史教訓，它揭曉了中國成為新的全球化國家之後，為什麼想要保護自己經濟面的成功。中國的領導者在接下來十年持續讓經濟現代化，而在二〇〇一年，這個國家成為世界貿易組織的會員國。接下來十五年，美國看著自己的製造業大幅削減，勞動力從一二％降低至九％，而中國的製造業在經濟體的占比，從將近一五％成長至二〇％。中國的財富正在轉變。中國製造產業占全球的比重，從一九九一年的四％左右，到二〇一二年提升至將近二五％。由於經濟好轉，數百萬中國人因此脫離了貧困。

俄亥俄州的雞腳

與此同時，全球貿易政策中的兩個標誌性轉變（北美自由貿易協議，以及北京加入世界貿易組織）所造成的經濟衝擊（進一步開放與加拿大、墨西哥和中國的貿易），正在波及美國的心臟地帶。根據經濟學家大衛·奧圖（David Autor，他的開創性研究揭曉了全球化所留下的深刻傷痕）的說法，中國在製造業的快速演變中，對美國中部產生了「嚴重的衝擊」，二〇〇〇至二〇〇七年，製造業減少的就業機會有四〇％是這件事造成，其中大概少了兩百萬份工作。能轉換的工作極少，而聯邦政府又找不到辦法緩和這種痛苦。最低工資或增值稅可能反而助長進口、不利國內商品。正如奧圖的研究顯示，這個轉變傷害了一整個世代的藍領家庭。

這件事發生時，經濟學家仍然很堅持自己的觀點：開放市場和自由貿易將會增加所有人的財富，而那些落後的人，可以輕易重新訓練以開啟新職涯。這個概念打從一開始就有缺陷，原因很簡單：老狗變不出新把戲。奧圖形容得最好：「貿易讓經濟這塊餅變大了……但某些公民分到的餅卻縮小了。」

以夢蓮市為例。二〇〇八年關門的大工廠，過了七年還是沒開工。當地的經濟萎靡不振。二〇一五年工廠重新開張時，曾經全是美國人的工廠，現在已改由中國公司派中國主管來經營。

這真的是他們的特權，畢竟他們斥資四億六千萬美元買下並重啟這間工廠。這間工廠的全盛時期，也就是由美國車廠通用汽車（General Motors）經營的時候，工人每年賺超過十二萬五千美元（這個數字有隨著通膨調整）。但福耀集團（全世界最大的汽車玻璃供應商之一）接手之後，薪資大約只有原本的一半，職員包括幾百位中國人，說著破英語，指導俄亥俄人怎麼組裝擋風玻璃。如果他們開始思鄉，可以去附近某家新餐廳吃雞腳。

中國造成的威脅，給了美國選民一個反派可以出氣，而且這個反派在國外，所以很方便。但美國內部自己也有問題——沒有人仔細傾聽「飛越州」藍領工人的心聲。

中國的貨幣政策

一九九〇年代的政策偏好，是把強勢美元當成全球化的指導原則，而這對一些美國勞工來說是壞事。它降低了美國產業的競爭力，並讓其他國家能夠操縱自己的貨幣（基本上就是在部分貿易協議上作弊）以增加出口，進而危害美國勞工。

貨幣是這樣操縱的：一個國家如果想讓貨幣貶值，就會賣出自己的貨幣，然後買進其他貨幣（通常是美元）。供需法則會讓這個國家的貨幣吸引力下降，進而壓低其價值。這幾乎牴觸了所有雙邊和多邊貿易協議，因為它讓操縱者的出口品變便宜，最後就沒有競爭者了。

中國那令人驚慌的成長步調，多半都源自這種活動。

假如各國都對貨幣操縱視而不見，世界領袖簽訂的所有貿易協議就失去意義。而在鮑爾森與其繼任者的領導之下，美國財政部對這種事會手下留情。首先，它不想藉由干預貨幣市場來幫助國內製造商。這並不令人意外，畢竟財政部自己的貨幣儲備，沒有多到足以影響每天數兆美元上下的外匯市場。但它也從來沒使出過更狠的那招——公開點名並譴責那些操縱貨幣的國家，即使國會吵著要這麼做。

這就是中國人民幣進場的時刻。中國在經濟過渡期時是個貧窮國家。直到一九七〇年代為止，政府一直大幅低估人民幣的價值，這是一種「減少對外國貨依賴」的策略。等到政府開始擺脫計畫經濟之後，它被迫透過出口（而不是透過消費者支出）來尋找成長機會。

政府一點一滴的放棄計畫和控制經濟，導致外匯政策也極其緩慢的改變。一九九〇年代，它包含了一個雙重匯率制度，以及外匯市場的逐漸擴大。如果人民幣的價值是由市場決定，那麼轉變的經濟因素應該偶爾會讓它上漲。但中國的央行，也就是中國人民銀行（它跟聯準會不一樣，並沒有獨立於政府和政治之外）出手管制這種掛勾，利用新印的鈔票來買賣必要數量的美元資產，以消除人民幣的需求，並且維持低匯率以支持出口部門。

當時中國是由胡錦濤主席決定人民幣在海外的價值，這和美國的政策以及市場功能形成明顯對比。因此中國的貨幣政策被視為「主權問題」，做出最終決策的是政府最高階層，而不只是經濟官員。

中國人民銀行一直維持這種掛勾，直到二〇〇五年七月才屈服於全球貿易夥伴的壓力，改成「有管制的掛勾」。這讓人民幣能夠在中國政府決定的價格區間內波動，使中國更接近開放經濟。接下來八年，人民幣對美元漲了三四%；這證明了一件事：似乎沒有人必須知道人民幣的定價有多麼不正常，結果它就充分榨取了快速經濟擴張的利益。

就在此時，美國製造業的式微很輕易的就歸咎於華盛頓。工會勞工和工業家都偏好弱勢的貨幣來提高出口品的需求。但是到了一九九〇年代中期，魯賓的強勢美元口號（以及支持它的經濟政策）已經確立地位，而美元也走強了一陣子。藍領工人宣稱華盛頓更在乎華爾街的需求（強勢美元能夠保護他們迅速成長的財富的價值），卻不在乎真正的經濟需求。

美國與中國的共生關係

美國和中國有著深深糾纏且令人憂慮的共生關係。這兩個國家在許多方面對立，既對彼此造成巨大的痛苦、又同時滿足彼此的需求。其中一個國家很年輕，在理想主義驅使下持續進化民主制度；另一個國家則是獨裁政體，遵從深植於數百年傳統的指令，並且將放眼千年的計畫付諸實踐。如今這兩個國家在地緣政治上有著最重要的關係，這個羈絆既危險又自私自利。美國和中國的財富（二〇二三年兩國加起來占全球經濟的三四％），透過巨大的信貸周期拴住彼此，其中中國弱勢貨幣所驅動的出口繁榮期，讓他的國民儲蓄率高得出奇。接著中國把這筆錢投資回美國，這種投資對美國公共支出資助了數兆美元，並且承保了數百萬美國人的房貸。

換句話說：中國政府透過弱勢人民幣來補助出口產業，實質上就是在補助美國的生活水準。假如人民幣的價值任由市場條件來決定，中國拿來投資美國公債的錢就會變少。

這種「互相成癮」的情形並不全是壞事。它證明美國對外國投資來說，依然是有吸引力的避風港，強化了美元的超級強權地位。自從尼克森總統跟中國領導者在北京吃晚餐後（他說這是「改變世界的一星期」），美國有過幾次差點和中國徹底對峙的時刻，因為對於美國立法者來說，美中政策是兩大黨難得有共識的重點。一九七二年，經過二十五年的外交孤立之後，尼克森和他的同夥，在人民大會堂跟五千位中國要人共進晚餐，正式將中國拉近自己的圈子，讓他接觸到美國精神。二〇〇六年十二月十四日，人民大會堂再度成為東西方大團結的場地。

美中戰略經濟對話

北京上午九點五分，鮑爾森開啟了首次「美中戰略經濟對話」（U.S.-China Strategic Economic Dialogue，後來被簡稱為ＳＥＤ），討論那些傷及兩國貿易關係的議題。小布希總統指定要設立這個論壇，作為正式對話的管道，以聯繫兩國各階級經濟官員；而鮑爾森當上財政部長的頭一年，就被授予「超級內閣」階級的職銜，這樣中國就會將他視為正式的使節。

這個論壇是一場豪賭：鮑爾森必須從中國不公平的貿易作風中，拯救美國的就業機會。此時國會已經準備了將近三十條法律，想要抑制中國的進口貨。其中最來勢洶洶的一條，是提議對進口到美國的中國貨，課徵二七％的重稅。財政部長上任頭幾個月，都在說服美國的立法者、投資人和工廠老闆：若要逼中國政府開放其經濟，最好的方法是對話，而不是透過制裁和關稅。

那個星期四，鮑爾森首次以公務員的身分到中國出差，他在僅僅七分鐘的開場白之中，就聲明了這場為期兩天的會議有三個簡明的目標。他簡潔的言詞，反映出他渴望「既坦率又精力旺盛」的會議，為他所服務的美國人民產生「實質的結果」。

但他的東道主中國想的是別的東西。他們端出囉嗦的簡報，從一千多年前的歷史事件開始講起。一個美國代表團（包括許多位小布希的內閣官員、聯準會主席柏南克，及數十位職員和譯者）就這樣聽著一堂關於中國被西方國家征服的課程。這份簡報包含了一張老舊英國護衛艦油畫——一八四〇年代第一次鴉片戰爭期間，占領定海區港口的正是這種戰艦。

這段所謂的開場白持續了好幾個小時。亞當斯（有著溫暖笑容的南方人，擔任財政部國際事務次長）坐在人民大會堂，對於兩個截然不同的文化領域有了新的認識。美國的政策可能每二到四年變一次（期中選舉或總統選舉導致），但中國是威權國家，有著長達數百年的展望。美國人兩百年民主制度的衝擊，並不足以逼使中國人修改這個傳統。

鮑爾森的第一次美中戰略經濟對話開始之後，立法者提醒財政部長，務必要帶著具體的結果回家。亞當斯和他的團隊必須在兩天內帶著「戰利品」回到華盛頓，向華爾街和國會山莊證明鮑爾森的做法是對的。其中一個戰利品跟匯率直接相關，匯率是美國人的核心議題。

十二月十四日，也就是他們走進北京人民大會堂僅僅一天之後，在一封寫給鮑爾森的公開信上，參議員理查·謝爾比（Richard Shelby）和克里斯·杜德（Chris Dodd）告訴他，他們認為中國害美國製造業失去了三百萬個就業機會。總統的半數內閣官員飛往中國，花了納稅人一筆不小的費用，而且這些官員那晚將會回到北京東方君悅大酒店，評估他們可以從中國那裡得到什麼承諾，讓人感覺這次旅行成功。

但經過第一天早上之後，亞當斯不知道話題該怎麼從「兩千年前漢朝貿易的教訓」，講到「接下來幾個月讓人民幣增值三％的協議」。亞當斯表示：「這堂歷史課很棒，但我在那一刻才明白，這個跟中國合辦的新經濟論壇，是一項有夠艱鉅的任務。」

當時中國是人口最多的國家，但它尚未取代日本成為第二大經濟體（那是四年後的事），而美國政府認為，它應該要開始遵守和其他人一樣的規則。

中國市場對於世界各地的跨國公司來說，是一個有利可圖的目標，尤其是美國公司（蘋果公司的執行長提姆．庫克〔Tim Cook〕很快就會放眼中國，以賺取急需的收益。這裡已經在生產暢銷音樂裝置 iPod）。鮑爾森不會說中文，但他認為自己的職責，是借助他在中國建立起來的關係（他擔任高盛執行長時到這裡出差超過七十次），勸誘中國官員轉型成為既透明又公平的全球領袖。

中國參與這種和美國密切協調的活動，迫使他必須製作一份員工組織圖，不但符合美國財政部組織，也讓美國各階層政策制定者更深入了解，地球的另一側怎麼看待他們。

而這次交流的成果包括記者會、七千字的共同聲明、以及令人聯想到小學畢業照的「全家福」——所有人整齊的排成好幾列，雙手緊握在面前，露出練習過的微笑。這就是一場秀，讓雙方的高階官員能夠慶祝他們的共識，哪怕他們在更重要的議題上有如天壤之別。而中國和世界強權結盟的好處很明顯可見。

中國版國家資本主義

鮑爾森想要透過美中戰略經濟對話，替世界上最具影響力的兩個國家之間帶來秩序。這兩個國家在所有最重要的事情上都意見不合，因此對話就更加必要。鮑爾森讓美中各階層經濟官員齊聚一堂，利用這兩年一度的聚會，處理中國貨幣政策，及中國與全球經濟的整合等議題。兩方都從對方更廣泛的政經脈絡下，得知其匯率觀點。

這個架構確保美國政府能夠定期跟中國對話並達成共識。「你們分歧的地方涉及越多基本面，這種溝通就越重要。用來管控潛在危機的持續管道是關鍵所在。」鮑爾森開始與中國對話之後數年，曾在柯林頓麾下擔任財政部長的薩默斯如此評論。

他知道柯林頓執政期間，二十大工業國組織成立，將有影響力的經濟體團結起來，努力達成全球金融穩定，並且協助制止災難，像是二〇〇八至二〇〇九年的金融危機，以及伊朗的核武威脅。

由美中輪流舉辦的戰略經濟對話，沒有漏掉任何議題，無論它們有多麼困難。美國宣揚自由市場經濟，敦促北京允許保護智慧財產權和拓展避險金融商品，藉此開放其金融市場，並允許更多的外國競爭。但旁觀者最大的爭論焦點，一直都是「美國急著要中國政府放鬆貨幣控制」。

美國官員停止貨幣干預的確有幫助，沒有這樣做的話，他們就不能指望中國（或其他任何國家）有任何改變。雖然在鮑爾森時期，美元政策一直都是話題（畢竟財政部的職責範圍有一部分就是管理它），但它對於當時的投資人、記者和財政部長來說，已經不再像貓抓老鼠了。

鮑爾森對於市場的莊嚴態度，有助於成功讓爭議遠離匯率政策、貿易政策、金融法規、經濟國策，還有最重要的，美國與中國的經濟聯繫。

胡錦濤對中國人民的最後命令（「八榮八恥」），是講給中國年輕人聽的：「以艱苦奮鬥為榮，以驕奢淫逸為恥。」身為中華人民共和國的領導人，胡錦濤認為自己的職責是駕馭新世代的道德羅盤——他們太迷戀中國改革後的經濟自由化。

他的最後命令（在鮑爾森宣誓就任財政部長之後僅僅幾個月就發表），或許也是在預先警告，這個亞洲強國終究不願意放棄國家資本主義的文化（因為其他國家希望他的國內經濟由消費者驅動）。依賴商品消費就是一種「驕奢淫逸」，正如胡錦濤所言。

而對中國來說，務求完全掌控匯率的貨幣政策，就是「中國版國家資本主義」的關鍵信條。中國邁向自由貨幣的步調太慢，儘管鮑爾森一直糾纏他們。鮑爾森覺得最有說服力的主張，就是直接跟中國講清楚，自由貨幣對其國內議程有什麼好處。他們的貨幣干預讓這個國家的經濟更複雜化，因而阻撓了關鍵的貨幣政策目標，例如控制通膨。

世界上最藏不住的祕密

鮑爾森和聯準會主席柏南克一起力勸中國允許人民幣走強，因為這樣能夠提高生活水準、控制通膨、增加國內需求，以及協助緩和全球貿易失衡，進而改善中國老百姓的生活。鮑爾森解釋說，這對中國而言是全盤皆贏。他暗示道，假如中國放寬人民幣的波動幅度，接著就能夠發展更成熟的資本市場和金融商品，幫助企業和金融機構應付這種波動。美國官員也鼓勵中國，藉由激勵民眾增加服務業方面的消費和支出來提高國內需求，這樣就不必太依賴出口來成長。對於一個高儲蓄社會來說，這也算是一種涉及文化轉變的演進，但這種轉變違背了胡錦濤的八榮八恥。

中國人民銀行的領導者無法避免匯率變成由市場決定，但他們也必須保護國內成長，因此他們要發展金融商品，讓人民幣能夠自由交易，卻不會傷及經濟活動。鮑爾森說得很明白，假如中國動作太慢，人民的福祉就會面臨風險。但貨幣匯率改革對中國來說是主權問題，這意味著任何轉變都會很慢。

鮑爾森在二〇〇六年上任之後其中一個初步行動，就是在美中交流時，不再那麼強調人民幣的價值。在一場幾乎完全是講給中國聽的演說中，他說匯率已成為「不公平競爭的象徵」。貨幣操縱對於美國國會和美國民眾來說，都是可以從新聞摘要上學到的簡單概念，這也讓中國和人民幣輕易就成為全球貿易的恐懼對象。但鮑爾森認為，強勢人民幣無法憑一己之力修正中國內部的扭曲，或是減少其貿易順差；第二點，也是更有力的一點，就是他相信中國的干預並非出於惡意。這些干預只是為了應付更大的結構性問題，這個問題跟一個成長模型有關，它極度依賴出口，跟消費者驅動的美國經濟形成尖銳對比。中國缺乏健保和退休金福利，因此家戶被迫儲蓄才能克服此困境。

鮑爾森對於貨幣議題的深度理解，得到了中國的回報。正當他在北京人民大會堂開啟第一次經濟對話時，中國的中央政府允許人民幣價格漲到二〇〇五年七月以來（與美元脫勾後）的新高。某位貨幣交易人在當時評論道，這項收穫似乎是「對於鮑爾森訪問北京所做出的反應」。

雖然鮑爾森的確有力勸中國換個更有彈性的貨幣制度（當時是十二月，他已經住進北京君悅大酒店），但他也有說服參議員舒默和林賽．葛瑞姆（Lindsey Graham），撤回對中國進口品課徵二七％關稅的法案，甚至還軟化了他們對人民幣干預的露骨批評。兩位參議員願意給這次「策略性交流」一次機會，但他們很快就後悔了。

北京在第一次美中戰略經濟對話結束後幾天所發生的事情，代表了這段美中對話在往後十年會怎麼進行：財政部長急著想維持和平，不滿的立法者傳達出選民的憤怒，而中國依然堅守他那放眼千年的計畫。

第一次美中戰略經濟對話結束後沒多久，鮑爾森給國會一份例行性報告，在其中他選擇不要將中國正式稱為貨幣操縱者，但是證據卻顯示實情剛好相反。不只如此，他還軟化了美國財政部對於中國外匯政策的批評。立法者立刻就砲轟鮑爾森，工會和製造產業也加入圍毆他的行列。一位批評者說中國的操縱是「世界上最藏不住的祕密」，還說他「背叛了美國中產階級」。

讓人民幣自由

鮑爾森總共率團跟中國進行五次策略性會談。每次都有約兩百位美國官員隨行，他們通常都坐在華麗會議室內的成排桌子前，面對中國官員進行正式卻友善的會談。每個人在遞出名片之前都不開口說話，而且每件事都需要翻譯。每段會議的議程（無論大小）都是事先講好，而且結束時都會有一份具體的清單，列出要在下次高峰會之前（六個月內）取得什麼進展。團隊事前必須忙一整年，管理如此龐大的宣傳性會議所帶來的後勤難題；會議包含了商業午餐、晚餐時的中國雜技表演，以及過分恭維的合作聲明。鮑爾森擔任財政部長的兩年半期間，他的美中戰略經濟對話談成了食安、能源以及環境合作等協議。

但是在演技、流程和禮貌談話的表象之下，藏著不和諧的聲音。北京害怕美國國會和美國選民說出保護主義言論，因此經常威脅要報復。鮑爾森在國內外說自己排斥保護主義（「相信我，它行不通」），但北京不太相信他是真心的。

中國認為他們是藉由管理人民幣的供需，來允許貨幣「由市場決定」。在美國的強烈施壓下，國際貨幣基金組織開始加強它對匯率制度的監控，藉此處理中國這種錯誤觀念。時任國際貨幣基金組織總裁的羅德里戈．拉多（Rodrigo Rato）強行通過一套新程序，很接近美國一直要求的東西。國際貨幣基金組織終於開始仔細觀察中國的貨幣制度。根據美國財政部的說法，這套制度顯然是設計來提供競爭優勢給中國出口商，並傷害其他國家的貿易條件。

鮑爾森以上述這些成果為基礎，利用他的戰略經濟對話，硬是將中國的通膨問題（二〇〇八年上半年通膨漲了八％）和他的貨幣制度連結在一起。他能夠指出某些人民幣走強的時刻，作為成功的指標：經過整個二〇〇七年漲了六％，接著到二〇〇八年中期為止又漲了八％。

但是眾人對於鮑爾森影響中國的貨幣制度，評價褒貶不一。在二〇〇八年總統選戰期間，候選人歐巴馬和馬侃都公開指控小布希政府偏袒中國，這就是在暗指鮑爾森處心積慮想安撫兩國之間的關係。與此同時，投資人、美國製造商和工會都覺得中國已經無視美國的喊話——讓人民幣自由。他們指著中國金融市場那緩慢的開放進度，說這個國家利用艱澀的法規，將美國產品排除在外。

儘管美元的影響力處於顛峰，卻仍然不足以威脅或利誘中國遵守規則。但二〇〇八年美國住宅危機爆發之後，這個問題就被擱在一旁；美國為了延緩全球大蕭條而進入長期抗戰，因此美中之間必須平等對話，而且長達六年。在這段期間，美國的政策制定者反而將會提醒世人，美國釀成的金融危機並不代表美元的效力有任何縮減。

第十一章

次貸市場崩盤
引爆金融危機

二〇〇九年一月二十七日，早上六點半，蓋特納走進美國財政部，踏過宛如西洋棋盤般的大理石地板；自從他一九九〇年代在這裡工作後，便已這樣做過數千次。但在華盛頓特區這個寒冷的早晨並不一樣——蓋特納本來只是一位公務員，而且私底下登記為共和黨員，但現在他成了民主黨政府的財政部長。

此時他在特勤局的個人資料有了一個代號：「擊劍大師」（Fencing Master）。你可能會想像他透過公務員職務辛苦的往上爬，最後終於嶄露頭角，有一種光榮的感覺；但蓋特納事後是這樣形容他的這一刻：「一點都不激動。我好憂慮，而且前方的黑暗挑戰讓我覺得負擔好重。」這對他來說將是艱難的起步。

二月某個溫暖到不像冬天的早晨，上午十一點過後不久，CNBC頻道的分割螢幕畫面，描繪出一幅灰暗的景象。螢幕右側，新上任的財政部長站在一排美國國旗前面，發表他的第一場實況演說。左側則是股票的滾動式列表，部長每講一個字，股價就跌越多。

蓋特納站在兩層樓高、鍍金的財政部現金室（Cash Room）三座巨大的黃銅吊燈下方，身體搖搖晃晃的。他也只能這樣應付面前的兩臺讀稿機。問題不在於他念錯句子。而是歐巴馬總統在前一天把這場演說炒作得「超精彩」，沒想到這場演說既沒有人情味，也缺乏動聽的故事。蓋特納想要展現新政府拯救經濟的計畫，但他並沒有使用安撫人心的字句，而是說了既簡短又結巴的幾句話，描繪出陰鬱的前景。

「這項策略將會花錢、涉及風險、還需要時間……我們也可能會犯錯。」他說道。蓋特納身穿嬰兒藍色的襯衫、打著深紅色領帶，聲音偶爾會啞掉，好像不聽神經使喚。一位投資人表示，他看起來太年輕、太害怕，不適合承擔重任。「我們將會度過事態變糟、進展不順或中斷的時期。」他繼續說下去，還用了專業術語，恐慌的美國民眾根本聽不懂，例如「借款成本已經急遽上升」或「銀行正在減少放款」。

這可不是歐巴馬競選造勢時那種充滿希望的訊息。

二十五年來最糟的經濟衰退

最具毀滅性的時刻，發生於演說的第十五分鐘左右。蓋特納向投資人承認，他沒什麼特別的事情要講。

「接下來幾週內……（蓋特納停頓了好一陣子）我們將會宣布這項計畫的細節。」因為那陣停頓，本來還在紐約證券交易所大廳看著演講的交易人，全都從電視螢幕前面走開——他們嚇死了。蓋特納講完之後，幾乎每個市場都暴跌（就連烏克蘭國債這個超小的市場都跌了三〇％）。

世人聽到的是：一位新總統因為疾呼改革而入主白宮，結果不到一個月就無計可施。「現在我們知道他們沒有大絕招了。」蓋特納那臭名昭彰的演說結束後幾小時，一位理財經理如此說道。另一位理財經理則表示，每個人都因為演說缺乏細節而感到失望。

蓋特納挑選了這間具有歷史意義的現金室作為他的演說場地，這裡富麗堂皇，以七種大理石所裝飾，一八六〇年代，尤利西斯．格蘭特總統（Ulysses S. Grant）的就職舞會就是在這裡舉行。然後再往前一百年，這個房間裡頭有著一排櫃臺，用來處理商業銀行送來財政部存放的鈔票和硬幣。當時美國人可以來現金室購買美國公債，投資自己和國家的未來。現在蓋特納正在試圖讓美國人「投資」他擺脫金融危機的願景。

他站在有著小麥和玉米圖案的金色飾品（反映出以前農業經濟所累積的財富）旁邊，理應在國家陷入黑暗與接二連三的危機之際（受過教育的專業美國人因此失業和無家可歸）照亮前途。

但市場（一群討厭的理財經理和交易人，他們替自己的投資估價時，只要按一下按鈕就能表達不滿）很失望。這一天結束時，金融市場已暴跌了一一％。

歐巴馬就職時，美國經濟的狀況正處於災難之中。美國已經害世界陷入近二十五年來最糟的衰退，國內失業率迅速上升到七．二％（近十六年來新高），但更可怕的是，要理解這個經濟大洞有多深，是很困難的事情。這屆政府上任後半年內，始於二〇〇七年中期的金融崩潰所帶來的損失，將會讓一千萬名美國人失業。

在美國各地發生的經濟衰退故事都很類似，無論你特別關注五十州的哪一州：假設二〇〇六年，有個小企業業主跟銀行貸款買一棟房子，然後放款銀行慫恿他借更多錢。銀行行員會說，更大、更時髦的房子會是更好的投資，因為房地產的價值只會增加，所以你只要現在就買下夢寐以求的房子，就永遠不必再搬家。但過了一年多，這棟房子價值暴跌，而且經濟成長緩慢，讓這位新屋主（或許第二個小孩快出生了）陷入財務困境。早知道他跟太太簽下房貸協議時，應該聽聽自己腦中那小小的嘮叨聲音：「我們太自不量力了！」

他的小企業生意開始變差，而且太太才剛被解僱，結果全家的健保沒了。因為欠繳太多期房貸，他們在知情之前就被趕出房子。他們的畢生儲蓄花光了，因此生活從舒適的中產階級迅速淪為接近貧困。一家四口搬進太太娘家的地下室——不管怎樣，爺爺奶奶當保母很方便，因為受過大學教育的爸媽都要兼三份工作（外送司機和無須技能的醫護人員還是存在不少職缺）才能勉強維持生計。這對夫妻至少還有家人可以投靠。太太聽到的小道消息是，老公的大學室友跟他養的狗狗一起睡在車上。

輸在不會表達的財政部長

所有人都在等著新上任的美國政府領導全世界走出危機。歐巴馬誓言不計代價對抗經濟大蕭條以來最嚴重的危機，他的計畫中最重要的部分是減稅八千五百億美元，以及促進消費。蓋特納接下這份工作時，他很確定自己沒有贏面，畢竟他要扛下政府近百年來最不受歡迎的經濟救援行動。他的任期充滿了「溝通失敗」（他事後自己形容的）——其實他那臭名昭彰的現金室演說已經預示了這回事。

這場演說之後的評論尖銳凶狠（一位評論家說他看起來像扒手），蓋特納也很苛責自己。他在回憶錄中用他特有的露骨語言，說自己的演說「爛透了」，結果「砸了場子」。

蓋特納的聲望一落千丈。華爾街期待蓋特納成為救星；他被提名時（於二〇〇八年感恩節前三天首次公布），標普五百指數漲了六．三％來「回報」這位四十七歲的男人。他被形容成「男孩子氣的技術官僚」，二〇〇七至二〇〇八年擔任紐約聯邦準備銀行總裁，與鮑爾森、聯準會主席柏南克聯手，帶頭拯救貝爾斯登，並且代表政府接管保險巨頭美國國際集團（American International Group, Inc.，簡稱ＡＩＧ），因而贏得信賴。

蓋特納也對華盛頓不陌生；他曾在國際貨幣基金組織以及魯賓麾下的財政部任職（他在這裡協助打造了強勢美元口號）。他還學過日文和中文，待過東非、印度、泰國、中國和日本等亞洲國家。

但在二〇〇九年二月那天早晨，財政部長沒撐住這一刻。負責管理美元的男人或女人，舉手投足都必須冷靜和自信，展現高超本領和控制力。正如魯賓所說的：「一個在市場和經濟方面有著相當可信度的人，如果說起話來既冷靜又周延，這樣對於不穩定局勢下的心理，很可能會有正面貢獻。」

以一九九七年十月二十七日為例。對亞洲貨幣發展感到緊張不安的投資人，讓美國股價下跌到政策制定者開始緊張——道瓊工業平均指數（Dow Jones Industrial Average）跌了七％，創下單日交易指數的最低紀錄。魯賓利用他辦公室外頭的空間，邀請一群記者來到財政部前面的臺階（白宮就在清楚可見的右邊），發表了一百五十字的簡短聲明試圖安撫投資人。他就像佛陀一樣泰然自若，告訴全世界：「我們知道局勢很失控，但我們正在深入調查金融市場的脈絡，所以一切都會正常運作。我們會密切關注市場，但也會確保美國經濟的強盛。」他這種做法一毛錢都不必花，而且之所以有效，是因為發表這段聲明的人有魔力。但是簽署全能美元的人，如果發言掛保證的時候既笨拙又缺乏細節，就有可能讓市場下跌，尤其當它們已經面臨經濟和金融動盪時。

蓋特納當上部長的第一場演說，對於當初聽信歐巴馬會帶動繁榮而投給他的美國民眾來說，簡直就像在傷口上撒鹽。幾週之後，《週六夜現場》（*Saturday Night Live*）一開場就狠狠羞辱了這位財政部長。喜劇演員威爾．佛提（Will Forte）扮演蓋特納，他一臉絕望的說，如果誰能夠第一個打電話進來，提供解決銀行危機並且替新政府紓困的計畫，他願意送對方四千兩百億美元。而不只這一次，蓋特納之後還會再被《週六夜現場》嘲笑。

在蓋特納上任時，任何人只要被美元帝國碰到，就會被它燙傷。蓋特納、鮑爾森和柏南克努力想重整全球金融體系，卻令民眾感到厭惡：花費好幾十億美元拯救那幾間造成危機的金融機構；它們的執行長帶著價值數千萬美元的「黃金降落傘」[16]離職，反觀平民百姓卻連

16 編按：金色降落傘，是一種補償協議，它規定在目標公司被收購的情況下，公司高層管理人員無論是主動還是被迫離開公司，都可以得到一筆巨額安置補償費用，金額高的會達到數千萬甚至數億美元。

食品雜貨都買不起，還要面臨一整個世代的經濟挫折。

而讓這些緊急措施更難推銷成功的原因，在於它們根本就沒有可以吹噓的地方：政府要求民眾對討厭的方案妥協來延緩全面蕭條，但數百萬美國家庭仍然在應付嚴重衰退所造成的大破壞。明明違反事實卻硬要吹噓，這種兩難用巴尼．弗蘭克（Barney Frank，麻薩諸塞州律師，說話簡潔有力）的話來形容最貼切：「『沒有我的話事情會更糟糕』這種話不太適合拿來當口號。」

次貸市場崩盤與全球化金融危機

蓋特納上任約兩個月後，全球股市跌到十幾年來的最低點。三月九日，標普五百指數（美國股市健全度的基準）從二〇〇七年的高峰下跌了五七％。那年萬聖節，由於美國次級房貸市場崩盤，堵塞了整個全球金融體系的命脈，美國的失業率來到一〇％，是危機時期的高峰。世界經濟預計會緊縮（近五十年來第一次），這是因為三大經濟問題所致：信用不足、失業率攀升、喪失房屋贖回權。

世界上幾乎所有企業都進入了求生模式。**大家的錢都快花完了，而且沒人可以止血**。伯納．馬多夫（Bernie Madoff）因為五百億美元的龐氏騙局（源自人名 Charies Ponzi）遭到逮捕，令選民更加覺得聯邦政府砸了數十億稅金幫助華爾街的壞蛋。與此同時，數百萬美國人失業，甚至還無家可歸。金融危機發展得又快又難以預測，而且對於經濟底層民眾的傷害，更甚於頂層任何人。

而在深度整合且極度全球化的世界經濟中，痛苦傳播得又遠又廣。骨牌效應觸發了歐洲債務危機、冰島銀行體系崩潰，以及某些國家的失業，例如西班牙的失業率就高達二七％。

然後世界上影響力第二大的經濟體也出現了一些問題。中國出口品需求暴跌；雪上加霜的是，出口商面臨了支付風險（因為進口商越來越缺現金、資金周轉不靈），而上漲的運輸成本讓工廠都關門了。中國政府害怕高失業率造成社會動盪，約一億三千萬鄉下移工當中，有超過一五％失業、從城市回到故鄉，而且二〇〇八年的經濟成長率低到只有五．五％（大約是危機之前的一半）。

中國把部分問題歸咎於美國造成的危機。中國持有美國房貸巨頭房利美和房地美的大量股份，也投資了美國的金融機構，因此非常容易受到美國經濟影響。到了二〇〇九年一月，中國投資在黑石集團（Blackstone）、摩根士丹利（Morgan Stanley）和TPG資本（TPG Capital）的一百零五億美元至少賠掉了一半。

二〇〇九年一月，中國總理溫家寶表示，全球的動盪和中國國內的災難，都是因為美國「盲目追求利潤」和「缺乏自律」所導致；這顯然違背了不到三年前胡錦濤主席提出的八榮八恥原則——規定人民要將謙遜和道德視為一種生活方式。

美國的專家和政策制定者對於危機的起因有著類似的觀點，一致認為美國政府的「不行動和錯誤行動」，以及金融機構「過度愛好風險」，讓全球金融體系瀕臨全面崩潰。「美國製造」的危機，令中國更加懷疑西方國家指點和責罵中國的習慣；他們試圖逼北京加入世界秩序，結果現在世界秩序看起來很脆弱。

每次經濟出問題，世界各國的政府都會挹注更多錢到經濟體中。中國人民銀行行長周小川，三個月內砍了五次利率，因為他準備要面對最糟的局面，包括全球大衰退以及持續中的信貸凍結，而且中國的資金也在外流（投資人正在尋找報酬率更高的地方）。在財務政策的前線，中國領導者推出了五千億美元的經濟刺激方案。在美國，聯準會已經把利率砍到零了，所以要靠國會（美國錢包看守者）協助刺激經濟。從二〇〇八年二月到二〇一二年末，美國為了應對危機，在財政上總共花了一兆五千億美元以上，立了十八條法律。

財政部的工作，就是填補以上這些支出法案所造成的預算大洞。他們在公開市場發行公債，因為他們知道，即使處於美國製造的危機中，銀行和外國投資人還是會買光這些債券。美元的誘惑和承諾強到足以排除危機。但公債市場很快就遭受驚人的波動（直接源自政治性的嘩眾取寵），可能會削弱美元以及寶貴的美國政府債券市場。

若美債發行違反批准上限，將帶來災難

美國財政部深處躺著一份曾經是機密的計畫，可能會一口氣把世界儲備貨幣拉下神壇。

這項緊急計畫實在是保密到家，即使到現在（和聯準會相關的透明度規定，使這項計畫在幾年前公諸於世），協助擬定它的官員依然拒絕公開談論它。而在二〇一一年夏天，蓋特納差一點就要實施這項不能說的計畫。

共和黨和民主黨陷入惡鬥，可能使美國經濟突然停滯，讓海外駐軍領不到薪水，上百萬退休人士領不到社會保險金，而且還有可能引起連鎖反應，最終導致經濟破壞。惡鬥的開端，是歐巴馬總統需要國會允許財政部在金融市場發行更多債券。當時發行量是十四兆美元，但國會已經通過一個支出法案，讓債券發行量超過這個水準。現在聯邦政府需要這筆多出來的錢來維持國家運作。

這個概念應該很簡單：國會決定聯邦預算有多少錢，而財政部用稅收資助那項支出計畫，並藉由發行政府債券給永遠吃不飽的投資人，來填補任何預算缺口。美國聯邦債券的發行上限，是這個系統中的古怪之處。它的本意是讓財政部官員在第一次世界大戰期間，更容易管理公共財政，因為當時財政部每次發行債券都必須獲得國會批准，但為了應付全球衝突期間的緊急現金需求，國會就完全放手讓財政部管理財政需求。為了確保國會依舊保有管轄權，但可以跟財政部共享，立法者就制定了債券發行上限。

但在二〇〇八年金融危機後，聯邦赤字在短短三年內就變成將近三倍，高達一兆三千億美元。因此共和黨（當時是在傳統上對財政比較保守的政黨）並沒有擬定行政解方、允許財政部籌措更多必要的資金來履行已經批准的預算，而是要求民主黨草擬一項計畫，最終帶領美國財政邁向更好的秩序。

在這幾個月當中，白宮和共和黨國會議員之間的僵局達到了臨界點。眾議院議長博納開始不接歐巴馬的電話，總統大人只好請他和他的同事，週六早上來白宮敲定協議。

整個全球金融市場都處於風險中。美國聯邦債務是全世界的黃金標準，也就是地球上最吸引人的投資。當投資人買進公債，就等於買進一個安全的系統，完全沒有違約風險。美國有債必還——這個概念就是美國跟其他所有國家的差異。直到一九五〇年代，債務上限都在兩黨支持下例行性的上升、沒有出過事情；但隨著共和黨和民主黨變得更兩極化，他們就改用邊緣政策來賺取政治分數。

二〇一一年，由於金融危機的餘波，在依舊負傷的經濟上形成深刻的政治痕跡，各黨派最後因為這個看似例行性的解方而陷入僵局。市場面臨二〇〇八年危機高峰以來最波動的一週，因為世界各地的投資人在市場下注，想要針對「美國不會履行其貸款支付」的可能性來避險。

對於交易人來說，立法者看起來好像氣昏頭了，無法意識到災難即將發生。蓋特納告訴立法者，若是違反國會批准的上限，「將會動搖全球金融體系的基礎……後果將會持續好幾十年，對美國而言是大災難。」

市場分析師正在大聲強調這些後果：有些立即的後果牽涉到積欠薪資，和無法付款給醫療供應者，以及美國軍事之類的事情。但除此之外，一旦公債無法支付其帳單，美國國債的借款成本將會快速上升。放款人（例如外國政府）將會調高利率，作為數兆美元債務的保險，這意味著美國未來的基礎建設、研究與發展及軍事科技都會變得更昂貴。這種不確定性將會使股市千瘡百孔，數百萬美國人的退休基金帳面價值暴跌——這是經濟大災難的最明顯指標。美元作為最高貨幣的價值與其匯率將會被削弱。

這樣對於全球經濟造成的外溢效應也同樣具有毀滅性，因為無論哪個地方的證券（從普通的到奇特的）都身受美國債券市場的影響（接下來幾年，關於債務上限的爭執反覆上演，摩根大通董事長傑米．戴蒙〔Jamie Dimon〕表示：「美國違約可能立即造成宛如瀑布般的大災難，其規模令人難以置信，而且會傷害美國一百年。」）

償債優先順序計畫

這整個局面迫使蓋特納和聯準會官員擬定一項應變計畫，以免債務上限沒有提高。如果立法者繼續惡鬥、法定債務發行上限有史以來第一次被違反，這個國家的會計師們接下來會做什麼？有人必須決定，該用財政部的剩餘資金支付利息給哪些債權人（例如中國和日本，他們各自持有一兆美元的債券），以及哪些人拿不到利息。這項計畫必須保密，因為假如立法者在提高債券上限的最後期限（八月二日）之前，發現還有一絲餘地，就沒有人會讓步了。況且，違約計畫的存在將會傷害大家對於美國國債的信心。

但美國的「理財經理」們必須做好準備。為了做好準備，聯準會開始祕密進行沙盤推演，檢查自己確定償債優先順序的能力，並判斷這樣做的話對市場可能有什麼影響。財政部和聯準會逐步擬定了這份後備計畫的機制：第一批支付對象是持有美國國債的人，以及社會保險金、退伍軍人福利與其他類似津貼的受領人。剩下所有人（政府承包商和員工、外國投資人）都將面臨支付延期或部分支付的風險。換句話說，美國不會履行第二批人的債務。

這份償債優先順序計畫對投資人揭曉了兩個重點。第一，技術上來說，財政部有能力挑選要償還的債券持有人；第二，二〇一一年的美國非常危急，差一點就無法管理自己的債務負擔。這並不是漢彌爾頓對於這個國家的願景。

兩百三十多年前，漢彌爾頓擔任財政部長第二天，就對聯邦政府發行了五萬美元的貸款（約等於今日十億美元的購買力），替這個許多人覺得他很快就會垮臺的新國家建立信用。漢彌爾頓和其他美國開國元勳，都很確定兩個生存重點：第一，如果想充分防範那些試圖摧毀這個新民主國家的敵人，那就需要資金；第二，美國一言九鼎（也就是會及時償債）就是邁向繁榮的關鍵。

「國債如果沒有過重，對我們而言就是國家的福氣。」漢彌爾頓在一七八一年一封信上寫道：「它將是我們聯邦的強大鞏固力……對於一個國家而言，信用在任何時刻、任何事態都是必要的。」

預算控制法案

到最後，幸好蓋特納不必應付自己假想的危機。二〇一一年八月一日，立法者通過《預算控制法案》（*Budget Control Act*），隔天歐巴馬就簽字了。這項法案讓蓋特納的財政部，得以再發行兩兆四千億美元的公債，足以支付所有到期的負債融資。

但是針對美國最神聖資產的所有爭執，還是留下了傷痕。那年夏天，三大信用評等機構（評估債務人的償債能力）的其中一家，降低了美國國債的評級。標準普爾（S&P Global Ratings，世界權威金融分析機構）把美國連續七十年的3A評級拿掉了，還說立法者敲定的預算，不足以應付美國財政的黯淡前景。美國現在的評級是AA+，低於十幾個國家。後來財政部對於標準普爾的爭議性舉動表示不贊同，但傷害已經造成。而且這是自作孽：立法者太超過了，利用國家的財政作為政治武器。

然後計畫本身也有問題。市場策略師說這個償債優先順序的概念很糟糕，可能會傷害美國的債券市場，因為以後每次華盛頓因為債務上限而陷入僵局時，投資人將會開始考慮優先順序的可能性，而且自從第一次僵局之後，似乎每過幾年就會鬧僵一次。

二〇一一年的事件，證明美元地位的最大威脅，或許就在美國的境內。美元這個如此強大的武器，幾乎毫髮無傷的從全球金融危機崛起，卻差點被美國的領導者們拉下神壇。若要維持美國透過其最高貨幣所有權所享有的權力和影響力，統治者們就不能拿這武器來比試。

第十二章

制裁利比亞，
書呆子戰士立大功

利維在美國財政部任職最興奮的那一天，他的媽媽寄了鮪魚三明治讓他分享給團隊。他們在慶祝他十年公職生涯的最後幾個小時。

那天是二〇一一年二月二十五日星期五，美國首都的天氣多雲而寒冷。利維的團隊才剛工作了兩天兩夜，試著追查利比亞暴君穆安瑪爾・格達費（Muammar Gaddafi），利用哪些美國銀行來存放其政府資產。這樣做的風險很高：利比亞這個人口六百二十萬人的國家正在反抗獨裁者，而格達費已經告訴世人，他將「戰到最後一滴血流乾」，並且會對利比亞人「毫不留情」以保住政權。外交沒有用，而歐巴馬總統也不打算派美軍上戰場，如果要逼格達費做出更民主的行為，第二強的武器就是美元。

經濟制裁通常要花好幾週或好幾個月來準備。但假如美國想要避免利比亞數百萬人民慘遭屠殺，更別提要保護全球石油供應鏈（利比亞是能源生產方面的關鍵齒輪），財政部就必須迅速行動，找到格達費的錢。這是讓他權力鬆脫的最佳方式，如果他付不出軍餉，就無法抵禦反抗軍。

利維上工了。身為美國制裁計畫運作單位（成立於九一一事件之後）的次長，他集結了恐怖主義和金融情報辦公室的資源，開始深挖。

利比亞的國內生產毛額有六百二十億美元，它的主權財富基金價值約四百億美元，而且還擁有一千一百億美元的中央銀行準備金。為了確認格達費把利比亞政府的錢藏在哪裡，財政部的「金融偵探」和會計師們，搜遍了密密麻麻的金融情報和資料。他們找上華爾街大銀行的主管，請他們協助找出格達費及其政府、家人或朋友的資產。利維和他的幕僚認為，只要有足夠的決心和一些運氣，他們或許可以找到一億美元——這筆數字充分展現出財政部有多麼精明幹練，更重要的是，它有巨大的影響力，能將施壓行動發揮到極致，把格達費趕下臺。

利維擔任公職的最後一天，下午兩點二十二分，他迅速吃完三明治，然後打開一封來自他團隊律師的電子郵件。他坐在挑高天花板的四樓辦公室（可以看到華盛頓紀念碑），下巴差點掉下來。他的探子在兩天內就找到了三百億美元。起初他以為有人把「million」的「m」誤寫成「b」。任何人都沒預料到，這麼短的時間內就能找到好幾百億。

利維慢慢意識到，他在政府上班的最後一天有多麼大的歷史意義。

這位四十七歲的男性，正在替這棟大樓內緊張刺激的六年畫下句點。他曾經跟國王勾結，甚至還花了幾小時登上格達費的私人飛機——內有長絨地毯和鍍金安全帶。**利維被《華盛頓郵報》讚為「反恐戰爭中的金錢俠」**，七年來將ＴＦＩ變成一頭巨獸，有能力對整個國家進行財務面的地毯式轟炸。他協助財政部在世界最強國的高階國安機構中取得一席之地，讓ＴＦＩ永久成為聯邦政府外交政策制定分部中的一部分。他甚至在金融危機期間，短暫代理過部長，銜接鮑爾森離職和蓋特納宣誓就職前的缺口。他開玩笑說他不夠重要，所以這段期間特勤局沒有記錄他的個人資料（利維在ＴＦＩ的同事向他簡報一張圖表，上頭顯示**自從他上任之後，六天內股市漲了三．九％**）。

但最令利維難忘的，還是他最後一天上班日（到晚上八點為止），也就是歐巴馬簽署「行政命令（13566號）」凍結格達費政府大部分資產的那天。TFI寫下歷史：三百億美元是美國史上查獲金額最大的資產。

次級制裁

TFI於二〇〇四年成立之後，接下來十年內，美國將美元武器化的能力，成為諸多地緣政治衝突國際對策的基石：伊朗的核武野心、俄羅斯在歐巴馬時代侵犯烏克蘭、蘇丹和利比亞境內的違反人道罪等。經濟制裁曾經是一種生硬（通常還沒有彈性）的手段，而且成果不怎麼樣，例如對古巴實行五十年的全國性禁運。但TFI將制裁變成精密的計策，其驅動力為金融情報能力，以及公私部門的密切合作。財政部和國務院、國家安全會議以及更廣泛的情報體系聯手，將制裁行動磨利成為既聰明又強力的手段，適用於外交失敗、但如果採取軍事行動又太過頭的情況。

舉個例子，美國從二〇一二年開始用經濟重拳猛攻伊朗的要害，想逼它克制自己的核武野心。美國一開始是對伊朗的銀行和企業施加單方面制裁。但這招並沒有改變伊朗的企圖，於是美國官員前往世界各地，鼓勵聯合國、歐盟、加拿大、澳洲，甚至傳統上與伊朗關係密切的國家（像是中國、俄羅斯和印度），跟他們攜手合作制止全球性威脅（如果伊朗完全發展成為核武強權）。慢慢的，德黑蘭（譯按：伊朗首都）受到的國際壓力變大，使金融機構不敢在伊朗做生意。

但歐巴馬政府還需要更多武器。基於這個需求，他們迄今發動的制裁中，衍生出更複雜、更嚴厲的變種：次級制裁。

對一流的武器來說，這真是個二流的名字，但它背後的概念有點晦澀難解。次級制裁基本上是將網子變大，讓美國能夠鎖住更多流入伊朗的資金。主要制裁會將目標國家的壞蛋列入美國金融體系的黑名單，但新型的制裁，讓美國政府能夠將那個國家以外的實體和個人列入黑名單，只因為他們繼續跟目標國家做生意。以伊朗為例，主要制裁會讓伊朗威權政體的成員無法使用美元。但次級制裁會更進一步施壓，限制伊朗境外各管轄權內的實體。

財政部創造了次級制裁，對美元武器化來說就等於關鍵性的擴充。它們的存在迫使美國的朋友和敵人，必須從「自己的經貿和外交政策目標」與「美元使用權」之間選一個。對於大多數國家來說，不值得為了繼續跟伊朗做生意而惹火華盛頓。次級制裁加強了美國本來就已經很龐大的對外權力。

然而，美國創造了「我們對抗他們」的外交政策難題，也讓美元越來越有能力去瓦解全球經濟秩序，而這跟二戰之後的經濟整合所追求的目標剛好相反。為了經濟目的和美元繫在一起的國家，現在必須考慮自己的民主理想是否與美國一致，以及它們的一致之處有什麼價值。慢慢的，**「世界霸主濫用其權力，逼其他國家設法不用美元過活」，這種說法越來越有**

力。這種轉變違背了美元耗費五十多年建立起、無庸置疑的儲備貨幣地位。它最後會讓世人考慮以前難以想像的做法——**找個美元的替代品。**

並非所有人都同意次級制裁（一般來說就是提高制裁使用率）等於美元武器化。至今有現任與前任政府官員主張，如果美國身為世界法定貨幣持有者的職責，是要監管世界各地的安全金流，那麼他就有責任阻止金融體系內的不良行為、以維持其廉正——而且制裁最好是多國一起參與。

美國的經濟制裁摧毀了伊朗。伊朗的經濟命脈是石油，如果不跟美元連結（幾乎所有油價都是用美元計價），他的石油就賣不掉。結果伊朗最寶貴的出口量跌了六〇%，導致巨大的經濟緊縮，同時他的貨幣里亞爾也貶值了四〇%。基本必需品（像是牛奶、水果和蔬菜）的價格幾乎翻倍，促使數百萬伊朗人深陷貧困。

二〇一五年，經過強烈的外交手段之後，美國、歐盟和其他六個國家簽訂了聯合全面行動計畫（Joint Comprehensive Plan of Action，簡稱ＪＣＰＯＡ），這是對於伊朗的核武協議。至少在幾年內（直到川普總統推翻它為止），歐巴馬政府都可以吹噓說，他對伊朗的制裁讓世界更安全。

到了這個時候，美國已依賴經濟制裁，協助解決越來越多的地緣政治衝突。從二〇〇一到二〇一五年，財政部發動的新式制裁增加了四倍。這些制裁包括一個長達數年的行動，其目標是痛擊蓋達組織、真主黨、伊斯蘭國的可再生收入來源。財政部與聯邦政府其他部門、私人部門、各國中央銀行，以及盟國的財政部長，攜手發展出一個宛如外科手術的方式，縮減恐怖分子的募資管道，打擊每個集團的收入來源（例如用來洗錢的慈善機構、亞洲和中東使用的信任制系統「哈瓦拉」[17]〔hawala〕，以及其他融資管道）。

這些全都是某個重大任務的一部分，由財政部與其數千名美元總管們，在絕對保密的情況下執行。只要你到那間磨利「美元之劍」的低調辦公室一探究竟，就知道美元演變成經濟戰武器的速度有多快。

美元的看守者

安德烈亞．加基（Andrea Gacki）正在運作美國權力最大的機構之一。這意味著她會在一棟積滿灰塵的老舊政府大樓（財政部主建築的雄偉柱廊和新古典主義石柱，與它隔街相望）已停用的廁所裡面，一連工作好幾個小時。加基是一位律師，數千名外國官員、寡頭政治家、企業大亨、投資人和恐怖分子都很怕她；她很少公開談論自己的工作。就算在私底下，說話也是既自律又精確——她知道太多祕密，所以不能聊太多。

17　編按：一種非正式價值轉移系統，其基礎是龐大的貨幣經紀人網絡的表現和榮譽。它們在傳統銀行，金融管道和匯款系統之外或與其並行。亞洲學者認為，該系統起源於一三〇〇年代的印度。

這位土生土長的密西根人，頭髮花白、戴著黑色眼鏡、喜歡看漫畫，姿態很低調。她雖然很有自信，但總是很有禮貌，信念堅定卻絕不吹噓，你可能永遠猜不到，她在財政部信紙上簽下的「A．加基」，有權力搞垮整個經濟體或數十億美元的企業。

加基是眾多美元看守者之一，她總是投入的工作，而且不浮誇，鞏固這個以美元運作的世界。她主掌的超保密制裁中心——外國資產控制辦公室（OFAC），通常被稱為「美國制裁行動的心跳」，她和像她一樣的公務員，都是制裁成功的關鍵。加基在川普政府和拜登前半任期擔任該辦公室主任，每天大部分時間都待在OFAC主任辦公室的舊廁所審閱機密文件。這間辦公室廁所的水管、馬桶和水槽都拆光了，留出空間給電腦設備和隔音牆，變成所謂的「敏感分隔資訊設施」（Sensitive Compartmented Iformotim Facility，簡稱SCIF，發音為「skiff」）。華盛頓的聯邦大樓以及世界各地的大使館都有SCIF，人員會定期檢查它，而且用反監視措施來偽裝它；或許只有加基這間以前是廁所。

加基的生涯多半都擔任公職，待過好幾任政府的行政部門。OFAC的權力跟它辦公室的大小剛好相反。這個單位有三百位律師、會計師、情報分析師和調查員，它能夠凍結資產、阻擋公司和個人使用美元，並且對牴觸制裁的人處以罰款。由利維指揮、耗時七十二小時封鎖格達費數百億美元的歷史性行動，證明了OFAC的效力有多大。

這間辦公室的工作獨一無二。它不需要法律裁決，就能切斷任何人的美國金融體系管道。雖然這個國家的法院，仰賴「超越合理懷疑」這個法定標準來施予處罰，但加基的團隊仰賴的是機密資訊，讓制裁有「合理的根據」。OFAC與整個聯邦情報體系、國務院、司法院、國防部等單位合作，管理數十個美國的制裁計畫。最終決策是由總統或他們任命的人決定，像是財政部長或國務卿。但這些決策是由OFAC的律師們執行。他們的工作通常都經過外交官、間諜、執法官員與機密情報的證實或支持，而且沒有人告贏過OFAC。

財政部的孤兒

OFAC是美國制裁黑名單的持有者，這張黑名單叫做《特別指定國民和被封鎖人員名單》（Specially Designated Nationals and Blocked Persons List，簡稱SDN名單）。只要有新的名字登上這張貼在財政部網站上的名單（全世界的企業都會仔細查看），銀行和金融機構就會立刻阻擋此人進入美國金融體系。

在一次罕見的公開演說中，加基曾經形容這個小單位的職責，只不過是「保護美國金融體系免受濫用」。不動產在華盛頓是影響力的指標，但OFAC位於一間最不起眼的辦公室。這種百年大樓位於財政部主建築對面，說它「不起眼」已經算是輕描淡寫了。正門有個圓形的米色牌子，大概跟晚餐的盤子一樣大，向你宣告：你正走進美國最高階的制裁機構。它的圖案是半顆地球的單調藍綠剪影，辦公室的全名刻在上面。打開正門，還有一條一九七〇年代綠色破地毯的痕跡；這條地毯讓在這裡工作的人很尷尬，最後被換掉了。如果你夠幸運，可以在導覽員和警衛的陪同下，趁非上班時間參觀這個辦公室，你就會看到陰暗骯髒的隔間牆壁上貼著古早的標誌，上頭寫著「禁用磁片」。

這間辦公室雖然樸實無華，卻只有清高的菁英能暢行無阻：這棟大樓的兩層樓，必須透過最高機密安全許可才能進入；而想獲得許可，必須接受背景調查，包括個性、精神穩定度、可信任度，以及廣泛的個人財務和交友情形審查。

數十年來它一直都是政府運作的一部分。美國開始把凍結資產當成經濟侵略的方式，是在八十幾年前；被德國入侵的歐洲政府內有美國資產，而小羅斯福總統試圖避免它們落入納粹的手中。隨著恐懼擴散至全歐洲，小羅斯福在一九四〇年簽署了一項行政命令，從納粹手中保住了數十億美元。OFAC是在十年後的韓戰期間設立。接下來五十年，它是財政部相對安靜的單位（有人稱它為財政部的孤兒），多半是因為它對古巴與其他國家實施強硬的禁運行動。在九一一事件的悲劇發生後，出於必要，小布希政府擴大了制裁機構，才將這個小單位帶進戰場的中心。

「OFAC人」（OFACers，私人企業某些人這樣稱呼他們）在這間毫不含糊的辦公室行使的權力顯而易見，他們會從積滿灰塵的政府大樓出現，在曼哈頓高樓光鮮亮麗的豪華會議室內，跟華爾街主管開會。「只要那間辦公室有人來拜訪我們的公司，我們就會手忙腳亂好幾個小時。」一位紐約的銀行法令遵循專員[18]說道：「與OFAC衝突並不是選項之一。」觸犯加基和她那群調查員的制裁，就要支付高額罰款。素有「法國銀行巨獸」之稱的法國巴黎銀行（BNP Paribas），就曾因為觸犯美國對蘇丹、古巴和伊朗的制裁，而被罰了創紀錄的八十九億美元。滙豐（ＨＳＢＣ）和摩根大通近年也付了數千萬美元的罰款。

就連小型化妝品公司都逃不過「加基幫」的審查。二〇一九年，他們指控加州公司 Elf Beauty 進口的假睫毛套組，內含北韓生產的原料。這直接觸犯了美國的制裁規定：禁止跟北韓企業做生意。這間化妝品公司（它主動揭露自己觸法，並且擬定一個詳細的計畫，以避免未來重蹈覆轍）付了九十九萬六千零八十美元的罰款。財政部在新聞稿中形容這次觸法「並不嚴重」，但ＯＦＡＣ的密探找到的證據卻不是如此：Elf 從兩間中國供應商那裡進口價值四百四十三萬美元的假睫毛套組，而那兩間供應商的原料來自北韓，結果總共違反了一百五十六項制裁行為。

這樣的精確度，正是加基與她下屬執行調查任務的特色。身為ＯＦＡＣ的長官，她總是知道自己需要快步走七分鐘的路程，才能從她位於附屬建築物的辦公室，抵達上司（恐怖主義和金融情報辦公室次長，由總統指派）的辦公室。這趟路程要穿過連接兩棟大樓的迂迴地下隧道（它也連接了財政部主建築和白宮，謠傳瑪莉蓮·夢露〔Marilyn Monroe〕就是從這條地道被護送進入甘迺迪的白宮）。內部的人很輕易就可以發現加基——她穿著舒適的厚底黑平底鞋，淡黃綠色絲巾隨風亂飄，一派輕鬆的拿著一些美國最寶貴的機密資料。

18 編按：法令遵循專員之主要業務為制定並執行公司的法令遵循計劃，確保公司的運作合法且符合相關法律法規。

被濫用的經濟制裁

隨著歐巴馬需要應付的外交政策問題越多，輕率建議用制裁來解決問題的人也越多。OFAC的計畫（以快速的步調在小布希和歐巴馬政府期間進展著）同時激起行政部門和國會的需求——改用經濟侵略來解決地緣政治問題。它大致上是很吸引人的手段，因為在外交和戰爭之間提供了巨大的空間，不必犧牲美國士兵（總不能每次外交失敗都動用軍力）。

但這種更加依賴制裁的前景，讓路傑克（歐巴馬的第二位財政部長）開始擔心起來。這些擔憂歸結起來，跟財政部一項核心使命有關：保護全球金融體系，也就是保護美元。每次施加經濟制裁，都是替世界各地的金流多添一個障礙，讓做生意的方式變得更複雜。美元體系越難預測，其他國家和企業就越想尋找替代品。

因此路傑克這位低調的技術官僚（他在美元法案上難以辨認的多環狀簽名，是跟歐巴馬學的），對美國政府提出嚴重的警告：「我們如果越習慣在外交政策上，動用美元和我們的金融體系，其他國家中期轉向改用其他貨幣和金融體系的可能性就會變高。」接著他說「濫用」這個手段可能會削弱美國的強權地位。「我們絕對不能把全球經濟中心這個角色視為理所當然。」

路傑克似乎在告訴世人，作為武器的美元，本身正處於臨界點。一百多年來，美國財政部努力讓世界各地的金流更順暢，最終獲得整個金融體系的統治地位，而且全世界都仰賴這個體系。這樣的統治地位後來變為武器——二〇〇一年，小布希政府用美元捍衛遭到威脅的美國國土。而且經過兩場失敗的戰爭之後（伊拉克和阿富汗），軍事行動的成功率正在衰減。歐巴馬執政時偏好用金錢（而不是年輕人）打仗，所以這個金融戰爭的新手段就越磨越犀利。

但路傑克沒有想到，他的警告說中了接下來幾年的事情。他在二〇一六年三月三十日表示，制裁的應用層面應該要更加「策略性和審慎」；結果僅僅幾週後，一位喜怒無常的候選人，在共和黨總統提名人當中意外獲得穩定領先。不到一年內，成為強力武器的美元將會落入一位強人領導者手中，他不怕與人對峙，無視政治眉角、而且經常以震驚眾人為目標。

新政府很快就要掌管全能美元了。

第十三章

川普與希拉蕊的新貨幣戰爭

蓋特納帶著他對東方民俗的深刻認識，當上了財政部長。他小時候住在印度，會參與一年一度的節慶侯麗節（Holi），將鮮豔的綠、紅、黃色粉末撒在家人身上；他的高中母校是曼谷國際學校（International School of Bangkok）；到了大學時期，在北京待了幾個夏天後，更學會中文，還能引用中國諺語。

在這樣的成長背景之下，蓋特納第一次跟亞洲地區的官員們互動，應該會輕而易舉才對，儘管他是在金融危機的困境下宣誓就任財政部長的。在他的前一任鮑爾森，已經在美中兩國之間建立了最健全的關係，兩國已經享受這個成果數十年。鮑爾森之所以能成功辦到這件事，有一部分是因為他緩和了來自美國國會的保護主義壓力，這種壓力在三十年的文化和經濟轉型期間，已傷害到中國的經濟。作為回報，北京在過去兩年已經讓人民幣增值了二一%。

蓋特納就任時，兩國的經濟緊密關聯。貿易關係價值二十八兆九千億美元，而且中國才剛成為美國聯邦債務的最大投資人（超過日本）。中國持有六千兩百八十億美元的美國公債，以及一兆七千億美元的房利美和房地美債務，這意味著他對美國住宅部門投資了不少。這使得美國仰賴中國持續購買聯邦債券，以協助維持這個世界最安全資產的可信度。美國官員與北京官員對話時必須極度謹慎。

但是，蓋特納搞砸了。

在他能用中文讓對方官員留下深刻印象、甚至在舉起右手宣誓以財政部長身分支持並捍衛美國憲法之前（比那場災難性的現金室演說還早），就短暫且意外的觸發了美國對中國的立場徹底轉變。

這發生於新政府上任首週筋疲力竭時。一月二十日，當碧昂絲（Beyoncé）在歐巴馬的就職舞會演唱時，蓋特納滿腦子都在想，隔天聽證會上他會怎麼被拷問。跟中國這個主題完全無關，蓋特納首先必須處理好一件事；這件事在他被提名後的財務審查流程期間，突然冒出來。

參議院發現蓋特納欠繳國稅局三萬四千美元的稅金，這是他幾年前使用 TurboTax 軟體時所發生的錯誤。他不想承認這個疏失，而且正如他所害怕的，這件事很有爭議，也反映出一個無法看見前景的國家，深受經濟痛楚的折磨。聽證會有很濃厚的政治鬥爭味道，因為一位參議員指控蓋特納「疏忽」他該繳的稅，而且一直誤稱他的名字為「基特納先生」（Mr. Gitner）。

蓋特納才剛被公開嘲弄完，他的過渡團隊就端給他兩百八十九個提問，都是參議院財政委員會成員親手寫的。他們只有十七小時能夠打字回覆，因為參議院想要盡快進行蓋特納的確認表決，讓他在經濟危機當中坐上財政部長的位置。

在清晨一陣忙亂之際，一位助理犯了錯，害新上任的部長第一次在外交上出醜：這位助理並沒有運用「外交迴避」（這個字眼是蓋特納事後講的）來規避民主黨議員舒默的要求——解釋新政府對於中國貨幣政策的立場，而是直接借用歐巴馬那激情的競選修辭：「歐巴馬總統——在多方經濟學家的結論佐證下——認為中國正在操縱他的貨幣。」蓋特納如此回覆參議員（後來被洩漏給媒體）。

光是這一句話，蓋特納就等於提出譴責，而且充滿了外交和經濟政策的弦外之音。華盛頓必須依賴自己跟北京之間的堅強同盟，以協助維持世界經濟的周轉；但蓋特納公開譴責北京的貨幣政策，結果把美國逼到懸崖邊。

蓋特納從來就不是故意要間接在美中政策上做出重大改變，尤其國家即將面臨考驗，美國人很渴望有一位強力的領導者；但蓋特納似乎硬要把鮑爾森對中國的外交政策搞成對峙。

投資人慌了。隨著蓋特納的聲明傳遍市場，公債的價格開始下跌，使得作為基準的十年期國債收益率提升至二．六三%，達到六週內的最高點。交易人之所以甩掉公債，是因為他們害怕兩個強國之間的爭執，會使二者無法合作對抗全球衰退。或許這甚至會驅使中國拋售他所持有的那些債券，這樣的拋售將會拉低它們的價值。中國政府的反應又快又凶。「這種對於中國匯率議題的錯誤指控，將會增強美國內部的保護主義，而且無法協助解決問題。」中國商務部說道。一位高階中央銀行官員表示，蓋特納的指控「不是真的，而且還誤導大家」。

這起事件闡明了全球投資人對世界兩大經濟體間的爭執，有著根深蒂固的恐懼；他們的治國觀點彼此矛盾，從而產生相互依賴又相互較勁的關係，但他們都有野心想要擴大影響力。過去幾年來，美國財政部高階官員處理中國關鍵經濟議題的方式，令大家逐漸產生焦慮，而且接下來十年將會一直處於這樣的氣氛中。

美中兩國合作之重要性

若兩國發生爭執，將帶來很大的風險。二〇〇九年上半年，美國是中國出口品的最大買家，幫助中國以二位數的步調成長（至少金融危機之前是這樣）。接著北京就把銷售商品（像是玩具、衣服、鋼鐵）賺到的盈餘所得拿來投資，也就是購買美國公債。

光是二〇〇八年，中國對美國公債的購買量就增加了四六％，讓美國面對這個外國強權時更加脆弱。只要美元一直是最安全的賭注，中國就會承諾吸收更多美國債務。

為了維持這段關係的獨特本質，美國必須讓中國持續購買美國公債，以資助必要且劇烈的刺激性支出，才能讓自己以及世界脫離衰退。就連「中國可能減少投資」這種耳語，都有可能降低美國國債的價值；明顯的例子是，當蓋特納在預先寫好的講稿中，誤稱中國為貨幣操縱者，公債就下跌。

為了度過這個危機，投資人必須百分之百確定，美國的信貸會保持流動性且無窮無盡。這意味著中國在保護美元這件事上扮演了重要的角色。正如國務卿希拉蕊二〇〇九年初次訪中時所說的，中國必須繼續執行他那「非常聰明的決策」，持續購買美國債券。她說，美國的復甦也會刺激中國成長。

由於美中關係對全球復甦是必要的，因此在二〇〇九年，蓋特納的措辭無論在公開場合還是私底下，都必須以平等的前提陳述。為了達成這個目的，他借助了鮑爾森透過戰略經濟對話與中國建立起來的信任，這促使了中國支持美國對於房利美和房地美的救援框架（美國非常需要這種支持），畢竟北京是這兩家房貸公司的投資大戶。當次級房貸危機襲來，房利美和房地美有五兆四千億美元的證券受到牽連，其中有三〇%由中國持有。為此，北京的官員們非常擔心，因此美國財政部必須持續告知中國領導階層，他們有什麼計畫，以及該怎麼度過美國國會的政治戲碼。

金融危機只會更凸顯兩國間的關係變得多麼密切，若合作的話將會達到雙贏。中國的經濟復甦要靠美國購買中國的出口品，而美國需要中國持續吸收美國的債務，這樣美國才能靠支出度過危機。

避免觸發中美貿易戰

中國的貨幣已成為貿易戰的終極武器，支持著他們的經濟野心。價值被過度低估的人民幣，使中國的經常帳[19]順差急遽上升，對美國的貿易順差也巨大無比。即使中國拖了很久終於讓人民幣上漲，中央銀行還是繼續大幅增加外匯存底、延緩人民幣上漲的速度。這樣的行為導致了全球貿易模式的扭曲，傷害到許多美國製造公司，奪走了美國的就業機會，還對美國內部產生嚴重的保護主義壓力。

當世界正在應付美國釀成的全球金融危機時，中國變得更加明目張膽。美元的領主們已經犯下大錯，而盟友現在被金融危機掃到颱風尾，為這些錯誤付出代價。中國高度涉入以美元結算的金融資產，使自己受到傷害，這也更加證明了「各國應該要戒掉對美元的癮頭」這個論點。

厭倦了美國在貨幣制度上的霸凌，中國人民銀行的官員在二〇〇九年喊話：國際貨幣基金組織應該要存放一種「超主權準備貨幣」以代替美元。這個概念沒有成功，但**它向世人展示了一個數十年來令人難以想像的概念：一個不再依賴美元的世界**。

為了扮演「負責任的家長」這個角色，美國拒絕將中國稱為貨幣操縱者，以維持市場穩定。尤其是金融危機造成破壞之後。好幾年來，這一直都是兩國之間的一大差異之處：一個國家願意公然將自己的經濟和人口武器化，以達成全球野心；另一個國家則採取更柔軟的態度，試著為更大的利益而努力。

當美國官員為了這個理由而把問題擱在一旁（例如鮑爾森替中國經濟演變太慢做出解釋，或是蓋特納努力討價還價以度過金融危機），中國卻忙著讓國內越來越多工廠製造實體

19 編按：指在國際收支平衡表中，實際資源在國際間的貿易而產生的資金流動，包括貨物、服務、所得和經常轉移四項內容。

產品。雖然華盛頓的政治機構，選擇忽視衰敗製造產業表面下逐漸滋長的不安全感，但金融菁英正在製造危機與經濟衰退——能夠解釋清楚的人很少，能深入理解的人就更少了。數百萬美國人正在受苦。

「中國是貨幣騙子」這個主題，已成為長期存在的聲音，影響到國內的競選活動，因為民主黨員和共和黨員都對這個聲音有共鳴。因此從二〇〇〇年之後，中國的外匯操縱就成為各地競選活動中的議題主軸：美國貨幣制度宛如紙老虎，促使美國製造產業衰退（當然，先進經濟體的去工業化已經持續好幾年了）。

自從金融危機開始後兩年內，人民幣對美元匯率已經跌了將近七％。經濟學家開始發表報告，他們認為人民幣的持續貶值是假造的，使得它的價值被低估了一二％至五〇％（這麼寬的範圍，反映出人民幣的價值如果能夠自由浮動，會有多麼難判定）。

全球金融危機導致了二〇一〇年初美國的經濟疲弱（失業率高達將近一〇％），一位紐約的民主黨員和一位南卡羅萊納州的共和黨員攜手合作，努力施壓試圖逼中國乖一點。

舒默表示，經濟學家判定中國低估人民幣價值，這正好是「一槍斃命」的證據，證明了北京的作弊行為；葛瑞姆也說他「受夠了」。好幾年來，這兩個人都一直試圖修正中國的行為。他們在鮑爾森時代，就主張要對北京出口到美國的商品課徵二七・五％的巨額關稅。他們說，北京試圖緩和經濟危機餘波對中國經濟的衝擊，而這對美國勞工不公平。他們召集了十幾位同事，推動對中國出口品課徵關稅的法案訂立——假如中國沒有讓人民幣價值上漲。

相對於正視美國民眾的艱困（立法者的提案明明講得很直接），蓋特納選擇跟前任部長鮑爾森一樣，努力阻擋法案的訂立。他們都成功了，但當二〇一六年總統選戰開打，報應很快就來了。

歐巴馬政府很怕貿易戰，而舒默和葛瑞姆所建議的措施差點就觸發了它。問題的癥結點在於，美國和中國的經濟緊密相連，若是譴責任一方操縱貨幣，將會傷到另一方的經濟利益，更別提還會加重全球金融危機帶來的負面影響——他們的經濟才剛從這個危機中復甦。

但美國財政部內部有一個人，對此抱持著不同的想法。

忙不過來，只好「策略性耐心」

萊爾．布雷納德（Lael Brainard）是美國外交官的女兒，在柏林圍牆倒塌前的西德長大，後來搬到波蘭。她跟隨父親的腳步踏上公職生涯，二〇一〇年成為美國首都其中一間最美麗辦公室的看守者。財政部的安德魯．詹森套房（Andrew Johnson Suite），有深藍色的布幔作為裝飾，還有一張與之相配的地毯，上面裝飾著成排整齊、閃亮的金黃色星星。一八六五年林肯遇刺之後，接替他的詹森就是使用這間辦公室。布雷納德是財政部國際事務次長，財經大老伏克爾和泰勒都曾擔任這個職位。

布雷納德也成了美國貨幣政策的看守者，她坐進的那間辦公室（旁邊有一面複製南北戰爭時代財政部的護衛旗，代表一支民兵部隊，保護華盛頓不被邦聯攻擊），亦充滿了政治對立的緊張氛圍。雖然歐巴馬總統偏好用更柔軟的方式，來約束中國的干預主義貨幣制度，但他還是有意識到這樣做造成的重大問題。幾乎每個國家都想殺出一條血路，以度過經濟大衰退，因此歐洲、日本和美國（美國比其他國家更早砍利率）中央銀行的非傳統政策，開始大幅度的改變貨幣價值。**有人說這是降低利率、讓一大筆錢流進經濟體作為刺激的措施；其他人則稱之為貨幣戰爭。**

在這樣的時空背景下，布雷納德急著想將中國定義為「貨幣操縱者」，但自從一九九四年後美國就沒有這麼做過（即使這項指控有正當理由）。在幕後，她努力說服自己的上司蓋特納以及美國國家安全會議的官員，利用財政部每半年一度的外匯政策報告來做這件事。

但她每次都被否決，即使中國的貨幣操縱赤裸又持續不斷。美國對於中國的政策卻是往反方向走，因為蓋特納試圖暫緩更多來自國會「設法懲罰中國」的需求。這樣做的理由很複雜：歐巴馬的經濟團隊忙不過來，無法再多打一場仗。布雷納德雖然抱持著不同意見，但她不能公開表示自己反對，只能照著政府的官方說法，告訴大家美國出口到中國的商品，已經產生「可觀的收穫」，以避免財政部貨幣政策報告所帶來的戲劇性效應。在公開場合，蓋特納做了他能做的事情：敦促中國讓人民幣與美元脫勾（二〇〇八年中期開始，中國真的脫勾了兩年）。

布雷納德任內（二〇一〇到二〇一三年）監督過八份審核主要貿易夥伴貨幣的實務報

告，每份報告都清楚指出中國對貨幣的操縱。這些文件提到中國缺乏透明度，還說人民幣被「大幅低估其價值」，因此美國財政部將會「密切監控」北京的行動。布雷納德利用她的公開演說，談到中國的逐漸進步「並不代表我們這樣就滿意了」，同時蓋特納似乎也加入聯準會主席柏南克的行列，再三提出批評，並且強調「放貨幣自由」有助於經濟健全度的提升。這些言論加起來等於一句外交喊話：「我們知道你在幹什麼壞事。」但美國政府僅止於喊話而已。

蓋特納和布雷納德在二〇一三年卸任，他們將長期存在的中國問題，交給接替他們的新任官員。歐巴馬時代的官員大概會稱他們對中國問題的態度為「策略性耐心」，但其他大多數人都認為他們在刻意忽視這些問題。

保護主義再度在國會中怒吼，但就跟上次一樣，沒有太多事情改變。

策略性耐心的報應

二〇一三年六月，路傑克成為美國第七十六任財政部長後幾個月，舒默參議員便說道：「我們現在所能夠踏出的最大一步，就是為美國製造業創造就業機會，以對付中國的貨幣操縱。」參議員博卡斯（蒙大拿州民主黨員）希望美國回到「現實世界」，做些「實際存在的東西」，而不是依賴一堆晦澀難解的金融商品賺錢謀利。這些金融商品現在已經釀成大禍。

博卡斯的言論，跟他在二〇〇一年一月對歐尼爾（小布希第一位財政部長）說的話完全一樣。二十年來沒有太多改變，政治人物和政策制定者都曾經得到機會，可以緩和美國勞動階級的痛苦，但他們都裝作沒看見。十年前，歐尼爾在經濟圈和財經圈都是獨行俠，因為他曾強調在「真實的世界」中，應該有工廠製造「實物」（紙、金屬、玩具、衣服等），並對於削弱這個世界的強勢美元典範感到不滿。事實證明，他對於強勢美元政策的缺陷，以及迫切需要被修正的問題的看法都正確。

數年來美國對中國策略性耐心所造成的報應，將會發生於下次總統選戰開打時。二〇一五年，從「搭上改變美國的電扶梯」開始，美國的政治風景轉變為聚集誇大反中國口號的舞臺，這些口號來自一位反傳統的億萬富翁，他舉辦的每場集會都吸引了數千人。美國選民很快就會聽到「中國正在洗劫我們的國家」這類指控。相反的，華盛頓高層呈現出來的景象就很乏味。

歐巴馬的後半任期換了一位新財政部長來接手中國事務：路傑克。這屆政府的最後幾年，美國持續花錢維持經濟復甦，而中國自己的恢復期則是有氣無力。

與此同時，歐巴馬僱用的第一批中國政策專家，已於二〇一四年離職。新任財政部長並沒有像蓋特納那樣在北京學過中文——現在主掌財政部的是預算專家路傑克。

新任國務卿凱瑞把重點放在中東的和平。或許最令人震驚的，是美國駐華大使、前參議員博卡斯，他一上任就說出令人瞠目結舌的言論，稱自己「並非真正的中國專家」。儘管博卡斯和他的前任們不同，不會說中文，但他和副總統拜登的長年友誼，讓他得到這份工作。

鮑爾森時代對中國的策略性談話，現在交棒給路傑克，他是第三位主持這場對話的財政部長；這個論壇已經變成兩國之間的鬱悶療程，最後都以團體合照作為活動收尾。中國再度給美國財政部官員上了好幾小時的課，主題是一八〇〇年代鴉片戰爭對於中國數百年政策眼界的影響：中國曾被西方強權羞辱、接著被英國領導，因此想要重振國威。最後這幾年其中一張合照的拍攝地點，是在具有歷史意義的釣魚臺國賓館，八百年歷史帝國花園的蒼翠環境中，被汩汩流淌的小溪、柳樹和綠松樹圍繞著。

這和美國小鎮相去甚遠——空無一人的工廠正在生鏽，鄰近地區變得破敗不堪（這種去工業化是全球趨勢的一部分，但實際情況讓事情更糟糕）。策略性談話變成奢華的慶功宴，路傑克稱讚貨幣事務和其他主題都有「逐漸」進步，這個看法被埋在一篇六千五百八十九字的公開聲明中。

這種事務無法得到勞動階級的諒解，他們更加認為自己的境遇被擱在一旁。與此同時，民主黨預定推出的總統候選人希拉蕊步入舞臺，她的演說一直提到一九三〇年代小羅斯福總統的哲學，顯然沒提及全球化的缺陷。經濟學家談到自由貿易的陷阱時，依然口徑一致，多半是因為害怕被保護主義者抓到能攻擊的把柄。

越妖魔化中國，越能勝出？

對於不走運的美國中部（飛越之州）來說，近二十四位候選人當中，只有一位願意揪出那個害他們衰亡的反派。當然，其他成功入主白宮的人，在競選活動批評中國時都有些肆無忌憚。但這次口出狂言的人比這些人更瘋狂，**他不是華盛頓陳腐菁英圈「近親繁殖」出來的候選人，所以沒有古板的拘束。**

「我們必須挺身對抗中國的勒索，並且拒絕政客操縱美國企業。」這位政治新人說道（你可以這樣稱呼他，但他肯定不是）。他又高又胖，穿著剪裁合身的西裝，打著寬闊的鮮紅色領帶。他對中國罵出的每一句話，都會引起擁擠人群的瘋狂歡呼：「我們太害怕去捍衛和增進美國人的利益、以及要求中國履行它的義務。」

川普有一個獨特的方法，能夠評估他的支持者對政府的期望。二〇一五年他開始踏上總統之路，為了建立一個政策平臺，他在印第安納州蓋瑞市（Gary）等地發表即興演講，當作試誤。這些集會的熱烈程度成了一種指標，川普根據它來衡量政策。聽眾發出的狂喜之聲，直接被轉化為邊境安全、墮胎和法律政策。當川普在競選活動上說出「美國財政部將中國稱為貨幣操縱者，就能強迫中國上談判桌，並開啟公平且變得更好的貿易關係」，然後聽到群眾歡欣鼓舞的反應，他就知道自己說中了。他非常仔細聆聽支持者的意見，不看一般的焦點團體和民調資料（收費昂貴的策略師在辦公室整理出來的）。「批評中國」成為他競選演說的主要內容，而且他說要對美國進口的中國貨課徵四五%的關稅，也獲得眾人吹捧。

民調更是讓他信心大增；二〇一六年有一份民調顯示，將近三分之二的美國人想要對進口貨加上更多限制（例如關稅），而八二%的民眾表示，如果能夠拯救美國的就業機會，他們願意多花點錢購買美國製商品。

川普看到了其他人沒看到的東西：經濟焦慮已經累積好幾年了。過去二十年來，製造業已經失去了五百五十萬個就業機會，這段長期衰退始於一九八〇年代，並於二〇〇〇年之後惡化。

歐巴馬執政期間，工廠有僱用工人，但不足以逆轉持續已久的虧損（對鏽帶和南方社區的打擊尤其嚴重），而且顯然這種痛苦並沒有平均散布到國內各地。二〇一六年，中產階級的家庭所得中位數大約和二〇〇〇年相同，但高所得家庭的中位數增加了。在那段時期內，華盛頓和華爾街的統治階級，不是忽視這個傷害，就是假裝這個傷害已經在勞動市場內的重新分配下痊癒了。與此同時，當統治階層造成的全球金融危機浮出水面，他們卻享受著來自華盛頓的紓困。

對川普迅速成長的基本盤來說（失業率已經比經濟大衰退大半期間的全國平均值還高），他把中國講成妖魔鬼怪，引起了大家的共鳴。

正當主流政治人物和都市選民還在消化「川普出馬成為共和黨總統候選人」的消息時，資料顯示，初選時支持川普的郡，約有一半在二〇一六年投票時仍處於衰退中，同時其他地區則在經歷約二%的經濟擴張。事實上，新研究已證實了許多平凡老百姓一直在說的話：總體而言自由貿易雖然好，但它傷害了必須與外國低薪競爭的工人。

對於支持川普的數百萬選民來說，總統欠缺讓美國重回全球製造業中心的財政政策手段，根本就沒什麼大不了。他們被政客騙了幾十年，這些所謂的菁英告訴他們，全球化符合他們的最大利益，結果他們反而被全球化毀了。或許這個新來的傢伙（他不是從華盛頓那個「說客沼澤」裡爬出來的）可以挺過難關。

二〇一六年二月，川普前往內華達州，他的言論讓雷諾市（Reno）和拉斯維加斯集會上近一萬名的民眾激情怒吼。其中一句話是：「我們要從中國和其他國家奪回我們的工作。」他的話引起內華達民眾的共鳴，這個州五年前的失業率全國最高。不過，儘管煽動性言論（將美國勞動階級的衰退歸咎於中國）在競選上很有效，它仍然掩飾了一個現實：美中兩國的經濟相互依賴，且緊密糾結。

內華達的經濟已經逐漸跟外國投資掛勾，因為中國的商務振興了這個州的觀光業和礦業，更別提中國新出資了十億美元，蓋了一間汽車工廠和一間賭場。等到川普來訪時，中國已經成為內華達的第二大貿易夥伴，金屬、藥品之類商品的出口量暴增了六一%。內華達從「全國房屋查封率最高的州之一」，變成「全國經濟復甦第十快的州」，大部分都多虧了中國的投資。

但儘管存在著種種矛盾，一波反全球化情緒的浪潮已預示了新領導者的出現。川普和政治統治階級之間的鮮明對比，只會激勵了他的支持者，這群人聽不進歐巴馬和希拉蕊說的話。現任政府困在程序性的事務中跟外國官員微笑合照，並且在多國公報上簽下二十個名字，似乎比聆聽美國心臟地帶的聲音更重要。

川普入主白宮

歐巴馬對中國政策的觀點既博學又有距離感，由謹慎撰寫的講稿表達陳述；而川普的聲明正好相反，不僅未經準備，且擁有讀取選民情緒的敏銳能力。這種鮮明對比在二〇一六年始終持續著。

七月二十四日，財政部長路傑克忙著參與二十大工業國會議。這群財政部長和央行總裁聚集在中國成都，並誓言「拒絕保護主義，促進全球貿易和投資，確保廣泛的公眾支持，以利於全球化經濟的擴張性成長」。

這些都是委婉的說法，讓中國可以拖到美國不管他們為止。中國的威權領導階層懷有自己的百年願景，不值得因為一個美國政治人物的要求就改變計畫，畢竟這個政治人物的職位和權力都受制於選民們的興致，權力集團每兩年就會更換一次。

二十大工業國協議簽署後幾個小時，人在紐約的川普上了NBC新聞臺的節目《與媒體見面》（*Meet the Press*），並說出一些威脅到核心原則的言論。「我們要重新談判（美國的貿易協議），否則就退出。」川普說道，他是在講世界貿易組織。這句聲明令人震驚。「美國退出一個發源於二戰戰後時期全球和平條約的組織」，這個概念真是令人難以想像。接著川普又把世界貿易組織稱作是「一場災難」。

川普的言論再度承認了「被遺忘的美國人」的苦難，但歐巴馬政府留給勞動階級的，只有一段句子（被塞在二十大工業國那篇三千三百一十一字聲明的其中一句陳腔濫調內）：「同時也是為了勞工。」

這還只是川普的開場白而已。「用來對付我們、摧毀我們公司的最大武器，就是貨幣貶值，而且貶得最離譜的就是中國。……此時我們該讓美國再度偉大！」

川普對美國經濟崩潰的悲觀觀點，引起約六千三百萬名美國人的共鳴，他們在二〇一六年十一月八日支持他，這個大選之日的結果震驚了世界各地。川普的對手希拉蕊，吹噓著歐巴馬政府有多麼成功、而且她也曾經是其中一分子；但川普善用了藍領工人被壓抑的沮喪情緒：他們的薪資成長率停滯、貿易相關的就業機會沒了，整個世代躋身中產階級的機會，就這樣被推翻。

這些工人被高漲的醫療、育兒、大學費用榨乾，卻還必須存更多退休金；他們覺得歐巴馬的經濟復甦計畫拋棄了他們，希拉蕊對未來開支票時也忽視了他們。更別說普選票其實支持希拉蕊當總統：她險勝了二．一％（譯按：美國總統選舉是由各州選舉人團決定結果，而非普選）。由此可見美國變得多麼分歧。

川普一當上總統，就立刻表明他將會實現承諾。他在選舉時曾抱怨，中國的談判戰術證明他們「非常聰明，就像西洋棋大師。而我們像在下跳棋，且下得很爛。」因此他找了長期對中國強硬的人士，擔任他的高級顧問和內閣官員。以致白宮裡面有一個善變的總統，和一群反全球化人士，美國所扮演的「全球共識建立者」角色將會迅速消失。

第十四章

總統愛貼文，財政部長忙善後

一位好萊塢製作人；一位擅長收購倒閉邊緣公司、億萬身價的禿鷹資本家（vulture capitalist）[20]；一位在自己著作中引用不存在專家言論的經濟學家。一名實境節目主持人讓他們齊聚一堂，他們即將成為地表最強國的財經大師團隊。然後他們開始口出狂言。

「你看看中國在做什麼，看看日本這幾年做了什麼。他們在玩弄貨幣市場，他們在玩弄貶值市場……然後我們就像一群白痴一樣坐在旁邊看。」川普宣誓就任美國總統九天後說了這句話，指出亞洲國家有個習慣：透過外匯市場內的購買行為，積極壓低自家貨幣的價值。

過去的美國總統裡，從來沒人說出過這類煽動性言論，但它象徵著「美國優先」這個民族主義式的願景（川普就是靠這個願景獲得政權），以及川普對於傳統的完全無視（僅僅幾天前，他試著制定臭名昭彰的「穆斯林禁令」，想要阻擋某些國家的移民，不過失敗了）。**川普的即興政策聲明把經濟與金融專家嚇壞了**，但他們沒什麼時間可以回神，因為他不是政府內部唯一會談論貨幣政策的人。川普首次發出公文後大約一天，白宮新上任的首席貿易顧問納瓦羅上了《福斯新聞》（*Fox News*），宣稱歐元被「嚴重低估價值」。然後他的同事羅斯表示，身為商務部長，他將與美國的鄰國重新談判貿易協議，結果墨西哥披索和加拿大幣都因此短暫下跌。

就連梅努欽說到「過度強勢」的美元可能會傷到美國經濟時，美元也跌了。

近四十年來第一次，美國政府公開渴求弱勢美元。

川普的看法是，美國已經忍受他們最親密貿易夥伴的貨幣操縱太久了。自從他在一九八〇年代經營不動產事業開始，這就是他長期懷抱的經濟哲學的一部分：以更弱的美元為目標。但川普和他的幕僚拋棄了數十年來的口頭紀律，正在削減美國的可信度。他們也危及了全球外匯市場的穩定性（一九八〇年代晚期和一九九〇年代的財政部，就是為了這種穩定性而努力奮鬥）、以及可預測的政策制定環境（這是數百家跨國企業對於世界最重要貨幣持有國的期望）。

美國對於美元的管理職責就跟民主制度一樣，是基於這個國家擁有可靠的經濟領袖。川普那過於狂放的治理風格，會使人質疑美國的世界強權位置是否能坐得久；同樣的，他好鬥的個性也會使人質疑，美元的最高地位還能持續多久。

這一切始於言論。對美國貨幣政策無拘束的言詞，正是川普渴望重塑世界經濟秩序最初明顯的症狀之一。問題在於，這些碎念只會削弱川普阻止其他國家在貨幣賽局中作弊的能力。這對於不穩定的市場是很大的威脅，以至於投資人害怕一九八〇年代泛濫的貨幣干預會捲土重來——或者更糟的，會爆發全面的貨幣戰爭。

魯賓的強勢美元典範已經死了。

20 編按：指利用和公司達成投資交易的條款，來搶占該公司的所有權，或公司最有價值部分的投資者。

強勢美元口號的動搖

「這是我唯一的要求：請不要批評我們的貨幣。」

這段訊息很刺耳，而且來自一位美國的老盟友——德國的領袖，沉著冷靜的梅克爾。梅克爾必須迅速適應美國的全新領導風格，她被迫公開駁斥川普的指控：德國在外匯市場作弊。這種朋友之間的意見不合，在川普時代之前都是關起門來解決，但美國的外交策略已然改變。

川普在總統競選活動期間一直指控德國和其他國家，而現在他又從剛坐上的白宮總統大位提出指控。梅克爾提醒川普，德國的外匯市場跟美國一樣獨立運作，不受民意代表的政治興致影響。

向他提醒這個自由市場基本原則的人，並不只有梅克爾，還有日本財務大臣麻生太郎，由於害怕巨大的政策變動，可能導致美國政府追求更弱的美元，進而傷害日本經濟（它極度依賴那些銷售給美國消費者的商品），於是他懇求美國的新政府保證，他們會遵守長期以來對全球的承諾——不干預貨幣。

透過每一次的斥責，這些外國勢力告訴美國，「強勢美元」正是他們自己幾十年來持續的主張。

「華盛頓的改變使歐盟陷入困境，新政府似乎讓過去七十年來的美國外交政策受到懷疑。」歐盟高峰會的主席唐納．圖斯克（Donald Tusk），在川普上任後幾天內說道。這位新總統正在挑戰世界標準的每根支柱；這套標準可以追溯至二戰戰後時期，例如美國對世界貿易組織的承諾，以及其他鼓勵共享商務和開放貿易的多國條約。

川普帶刺的言論，並沒有提到他的政府對二戰後全球經濟體系抱有籠統的敵意，這樣的敵意出自於他們想幫助美國工人的動機，因為全球化沒有對這群工人負起責任。自從簽訂北美自由貿易協議，以及中國加入世界貿易組織之後，發生了很多事情。雖然大多數經濟學家和企業，都在歌頌中國那取之不盡的便宜勞工，讓中國可以更輕易跟其他國家貿易，但美國的領袖們多半不敢承認：這個經濟體無法把數百萬廠工從原本的部門轉職到另一個。

失業情況高度集中於後來支持川普的主要區域：也就是零星分布於美國心臟地帶的中小型城鎮。這種教訓就擺在那裡給大家目睹和學習，無論是鋼鐵業（西維吉尼亞州韋爾頓市的支柱）徹底毀滅，或是中國接管俄亥俄州夢蓮市那間差點走進歷史的製造工廠。

川普是這幾年選舉中，唯一正視被拋棄的鏽帶州居民痛苦的候選人，他是唯一敢說要把經濟目光轉向國內的人。他既不怕顛覆傳統，也不怕讓世界經濟秩序陷入混亂。「我們曾經協助過其他國家的建設，現在是時候該重建我們自己的國家了。」

強勢美元口號以及它所支持的全球化，已經毀了美國的製造業，而這位新總統誓言要改變這些家庭的命運。

美元中心的世界秩序步入灰暗境地

傑佛瑞・岡本（Geoffrey William Seiji Okamoto）剛把他的黑色BMW X3休旅車開往加州，就接到了大衛・馬爾帕斯（David Malpass）的電話。馬爾帕斯是一位經濟學家，協助安排歐巴馬財政部和川普財政部的過渡期。他想給岡本一份工作。岡本在小布希任內當過白宮實習生，他與馬爾帕斯因此有了交集。岡本這位在西海岸長大的鷹級童軍，立刻取消了他離開華盛頓的計畫（他的休旅車來了一記急轉彎），並加入梅努欽的財政部，成為國際金融代理助理次長。

正當岡本協助財政部新團隊度過了這段混亂的執政前期，公務員安迪・寶科爾（Andy Baukol）找上他並提出了一個請求。寶科爾說，談論美元的人太多了。對於貨幣議題，財政部應該要是政府組織中最主要的聲音，且最好是唯一的聲音。「這是個重要的原則，對市場來說也是個敏感的話題。」寶科爾補充。這位公僕帶給川普政府的訊息，基本上就是遵守魯賓的規矩：任何時刻都不談美元的特定匯率。這個訊息就像奧運火炬，寶科爾和財政部眾臣將它從上一屆政府傳到了下一屆。

岡本忍不住笑出來。這個要求未免也太高估川普政府的協調能力。

寶科爾是前CIA分析師，已經替聯邦政府效力超過三十年。自從一九九〇年代加入財政部之後，他曾在總統提名人等待參議院確認之前，暫時代理政府高階職位。此外，他也履行自己身為終身幕僚的職責，像是國際貨幣政策的首席副助理次長。這種「職業專家」（他們經常這樣稱呼自己）的其中一項工作，就是在過渡期維持齒輪轉動。為了這個目的，寶科爾保管著一本四英吋厚的活頁夾，裡頭裝了五百頁關於總體經濟和地緣政治議題的簡報文件：當政府易主時，他就靠這些文件協助新任政務官。雖然這本活頁夾沒有特別留篇幅給美元政策，但它確實包含了該怎麼處理外匯市場的敏感話題，列出前任部長使用過的語言，以及給新部長的選項。在大選日和就職日之間的八天過渡期，寶科爾和他的同事參加了一百場以上的會議。

「美國財政部長是政府的聯絡人，對象為聯準會、其他國家的財政部長，以及世界銀行和國際貨幣基金等多邊組織。」約翰．威克斯（John Weeks）說道，他在寶科爾身邊擔任幕僚十七年。「這就是為什麼財政部長應該是唯一能夠談論貨幣事務的人。」根據威克斯的說法，財政部公僕的職責是保護和帶領美元，度過新政府（它正在摸索方向）的動盪時期。「而且我們必須維護部長對於美國貨幣政策的職權。」

身為美國卓越的貨幣體系關鍵的保護者，這幾年來寶科爾和威克斯，已經將貨幣入門知識傳授給數十位新上任的政務官。事實上，他們還保留了一頁備忘錄作為使命聲明，這可以追溯到貝克在雷根政府擔任財政部長的時期。歐巴馬執政期間，那張備忘錄的半頁精簡版，由蓋特納與其他人共用。在川普執政初期，威克斯拿了一個版本給岡本，希望這個新團隊談論貨幣時能更穩重一點。

岡本決定試試看。他直接去找納瓦羅和羅斯，要求他們不只自己要避談市場敏感言論，也要說服總司令閉上嘴巴。

但是這麼做沒有用。

以美元為中心來安排的世界秩序，步入灰暗的境地。魯賓對於市場和貨幣的公開評論，帶有紀律且經過深思熟慮，但這樣的典範開始遭到抹除，而日本和歐洲的領袖們，正在試圖思考該怎麼回應這個局面。諷刺的是，他們很快就團結一致並提出了一個要求，就像魯賓、鮑爾森、蓋特納曾經要求他們的一樣：別談論你們的匯率。

到了二〇一七年三月，變成是中國在捍衛這個制度。新任美國總統對貨幣的怨言和貿易戰威脅，讓全球金融事務到達數十年來最糟的地步。

中國財政部長肖捷，效法了鮑爾森在十年前勸北京加入全球經濟世界秩序時所使用的措辭，公開懇求美國財政部長梅努欽：「世界最大的經濟體應該『堅決反對』保護主義，尤其是貨幣政策方面。」

岡本將會接續擔任川普政府財政部的知心好友，偶爾還會在七大工業國、二十大工業國會議代替梅努欽（川普後來讓他擔任國際貨幣基金組織的第二號官員）。但他從來就無法照著財政部公僕們的吩咐，讓貨幣平靜下來。美國主導的團結以及多邊主義，並不會在接下來四年出現；而在經濟政策上，川普的財政部長將會背負來自世人的壓力——因為他們對於美國的新使命感到困惑又憤怒。

川普任期內的動盪

對於梅努欽的上司來說，世界由兩種人構成：贏家和輸家。川普的治國方式，就好像他還在當《誰是接班人》（*The Apprentice*）的評審一樣——這個實境電視節目每週都會踢掉一個輸家。白宮高級顧問經常看X才知道他們被開除了，人事流動率一度高達九二%。

川普的世界觀帶有老派美國企業的色彩：一場零和賽局，如果不能洋洋得意的看著被征服的人，就沒有勝利可言。**獲勝對他來說還不夠，他的對手必須主動認輸。**所以當梅努欽在二〇一七年第一次主持美中的正式經濟會議時，他的團隊就知道他們必須精心策劃這場為期一日的活動，讓川普政府以勝利收場。它就是鮑爾森最初那個戰略經濟對話的最新版，但是調性將會非常、非常不一樣。

七月十七日早上，華氏九十度（譯按：約攝氏三十二度）的高溫加上沼澤般的溼氣，席捲了美國的首都（每年夏天居民都會被迫出城）。此時有六位左右的中國官員，走進了賓夕法尼亞大道一五〇〇號。梅努欽的財政部已經是中國所能要求最中立的地盤了。由於鮑爾森的經濟論壇，北京的外交官很熟悉走廊上黑白相間的大理石。對中國來說，梅努欽被川普的助理稱為民主黨員和「全球主義者」，因為他不認同川普他們的想法：摧毀美國和北京的關係，是讓貿易重回平衡的方式之一。中國人清楚意識到梅努欽很怕全球市場被顛覆，這讓他們感到些許安慰。

梅努欽已經決定了要在會議上達成的目標。為了讓中國開放、給美國公司成長機會，他打算推動中國撤銷其金融服務業的外國所有權限制，並移除資訊和科技部門的門檻。但那一天在財政部的現金室內，高級官員在開場白之後都還沒坐回位置上，就有一位美國官員說了一些異常直率的公開言論，讓這場會議不歡而散。

「如果這只是自由市場力量的自然產物，那我們就能理解，但它不是。」商務部長羅斯在電視轉播的演說中說道，而中國的副總理汪洋正在看著。「因此是時候該讓我們的貿易和投資關係重回平衡，變得更公平、公正、互惠。」羅斯繼續針對中國對美國的三千零九十億美元貿易順差，責備來訪的中國官員，這完全冒犯了來自北京的訪客。副總理汪洋大吃一驚——他被邀請到美國財政部，居然遭到公開嫌棄，他很快就警告這種對峙將會「立刻傷害」兩個世界強權的利益。由於會議出現空前的轉折，共同聲明和拍攝全家福的後續流程都被取消，避免中國體驗到更多的難堪。

羅斯對中國的傲慢批評，有異於過去版本的經濟對話，以前是雙方都誓言要加深彼此的關係，討論該怎麼逐步克服彼此的差異。但這場會議算是美國的「勝利」嗎？這個問題的答案取決於你詢問的對象是誰。梅努欽說它很成功，還說川普團隊在應付貿易逆差方面「往前邁進了非常大的一步」。他說北京已經「聽到川普給他們的逐客令」，但北京的官員不習慣被外國領袖下「逐客令」。

跟中國官員開會、透過鮑爾森十年前發起的謹慎對話來討論經濟議題，這個儀式已經沒有用了。

接下來的十一個月，雙方官員幾乎沒有對話。股市在川普當總統的四年間天旋地轉，因為他透過X發布政策，而每一次局勢的緩和或升溫，都令交易人差點暈倒。總統的嚴厲態度甚至連舒默都叫好，大家都知道這位民主黨參議員討厭川普的所有言行。有些時候中國可以獲得「緩刑」，但這一切都取決於橢圓形辦公室內的角力是誰「占上風」、誰「屈居下風」，川普很喜歡這樣決定政策。他的貿易顧問納瓦羅，使盡全力強迫財政部提出貨幣操縱的指控，但梅努欽不想配合，至少有一陣子是如此。對於如何懲罰中國以往的違規行為而產生的內部爭執，傳到了民眾耳中，因為川普那備感挫折的團隊，將資訊洩漏給媒體。

川普總統任期內在政策制定上的反覆無常，擴散到政府的所有層級，從貨幣、外交政策、國家安全到貿易。對某些人來說，國家看起來要分崩離析了，而且美元還被捲進這股狂熱中。當美國的民主制度遇到特別嚴重的自我批評，這種動盪預示了誤用美元所產生的長期後果。這樣動盪的縮影也體現於美中關係中——兩個國家都發動了自己的經濟力量，希望在言語上和實際上的爭執中獲勝，而這些爭執都是川普想要重新平衡貿易關係所導致。

金主變身財政部長

梅努欽最有名的就是他一絲不苟的個性、找到價值被低估生意的本領，以及非常好的運氣。他喜歡騎四十英里（譯按：約六十四公里）的腳踏車，以及配戴雷朋眼鏡（Ray-Bans）的變色鏡片（它們在陽光下會自動變暗）。他嚴格遵守自己的飲食和運動養生法，直到認識未來的太太露易絲·林頓（Louise Linton），他才買了鹽放在廚房。到了他五十五歲生日，這位土生土長的紐約人已經在高盛工作了近二十年、成立避險基金、買下一間快倒閉的加州房貸放款公司並重組其資本，以及成為好萊塢金主。他的名字出現在《神力女超人》（*Wonder Woman*）這類賣座巨片的片尾名單，而現在又出現在美鈔的正面。

梅努欽很早以前就賭川普會選贏總統，而他的獎品就是財政部（他成為美國史上最有錢的財政部長）。有時候，梅努欽是一股慰藉的力量，為美國經濟政策議程提供穩定性（這多半是因為他工作時習慣親力親為）。無論是債務上限的爭議、發行政府債券的計畫，還是財政部其他常態治理層面，這種穩定性都至關重要。梅努欽堅毅的撐過許多大風大浪：包括二〇一七年，維吉尼亞州夏綠蒂鎮（Charlottesville）一場白人民族主義集會演變成暴動，結果梅努欽的耶魯大學同學要求他辭職，以抗議川普在事後說出的種族歧視言論。

如果你想了解他身為川普的財政部長是怎麼撐過四年的，就必須知道為什麼他有時候會避開圓石灘（Pebble Beach）。這個位於白宮北草坪的地點，可不是加州那個奢華高爾夫球度假村。當政府的惡劣名聲達到高峰之際，川普的顧問會閒晃到這裡，向福斯財經網（Fox Business）或CNBC吐苦水，因為他們在政策制定的爭執中慘敗。這些人都是看到討厭的X貼文，才知道自己被開除了。

但梅努欽不是這種人。他會定期走一百五十碼（譯按：約一百三十七公尺）的路，穿過財政部西側出口抵達白宮，並且密切注意哪些人進出橢圓形辦公室，以及川普在做什麼。唯有他準備要推動川普的經濟政策時，才會上鏡頭——他絕對不會讓新聞主播有證據說白宮西廂正在爭執中。

當梅努欽跟總統意見不合，他會變得沉默，完全避開在圓石灘附近徘徊的記者。川普把絕對忠誠看得比什麼都重要，而梅努欽跟川普有超過十年的交情，所以他知道怎樣才能受到總統的寵愛。當梅努欽加入川普的團隊時，就已經意識到，自己很可能要承受上司那反覆無常的情緒波動，而且這位總統不輕易低頭。

選擇性沉默以保持平衡

對梅努欽來說，最艱難的戰鬥是要說服華府圈內人士和紐約的金融菁英。儘管梅努欽是華爾街出身，但他們還是公開質疑這個政治新手能撐多久。但對於川普執政整整四年的騷亂而言，梅努欽就是他善變上司激起的動盪中，那個審慎（甚至理性）的聲音。他從來沒有抱怨過。

「有時他會認同我的意見，有時則不。」二〇一八年一個夏日午後，梅努欽如此說道，忠實遵守自己的講稿。

梅努欽最「大聲」的沉默發生於那年六月。川普不聽他的建議，對中國進口到美國的商品課徵重稅。眾人擔心貿易爭執會對國內經濟造成衝擊，因此股價下跌。梅努欽希望川普用更慎重的方法跟中國談判，但總統反而讓爭執升溫——他對中國商品罰款五百億美元，還威脅說中國敢報復的話就罰更多。川普在CNBC頻道高聲威脅：「我們被占了便宜，我不喜歡這樣。」。他表示，美國「準備要」對價值五千億美元的中國商品課關稅。

投資人看到貿易戰的跡象越來越明顯，就慌了起來。標普五百指數在川普宣布課更多關稅後暴跌。歐洲和亞洲的股票也跌了。梅努欽平常就連川普微不足道的經濟成就都會大聲宣揚，卻對這次貿易戰顯露出不悅。他在公開場合刻意保持沉默，表達他的不滿（他同事剛好相反：假如川普的首席貿易顧問納瓦羅不高興，他會打電話給記者發洩怒氣。幾小時內，引述「知情人士」的報導就會出現，分享白宮西廂內部大聲爭吵和閉門羹的詳情）。

梅努欽不公開露面，立刻就被察覺了。

「市場喜歡財政部長的正面陳述嗎？是的！」一位紐約的理財經理說道，他正在看著股市受苦。但到處都沒看到財政部長：他沒參加週日的政治脫口秀，沒上有線新聞的週末熱門晨間節目，而且走去國會山莊時也沒有停下來跟記者閒聊。

選擇性沉默是梅努欽保持平衡的方式，他要對總統忠誠，但也要維護自己在金融市場的可信度。他不能對外提供投資人想聽的慎重調性，因為這樣就太假了。但梅努欽避免公開違抗總統的行動，他不只維持自己對總統的影響力，也創造機會，設法說服總統改變心意。

總統愛貼文，財政部長忙善後

一個月後，川普另一波挑釁言論，迫使梅努欽打破沉默。那天X上的辛辣批評，從財政部長的 iPhone 響起那一刻，就成了他要處理的問題：美國總統用一百六十字元（譯按：指英文）的貼文痛罵歐洲、中國和聯準會。

「中國、歐盟和其他人已經在操縱他們的貨幣和利率下跌，但美國正在調漲利率，同時美元每過一天就變得越強——我們絕大的競爭優勢就這樣沒了。」川普在七月二十日星期五發文：「美國不該因為做得太好而受罰。」

貼文的砲火讓世界瀕臨貨幣戰爭的邊緣，此時梅努欽正要面對被川普最新暴言給惹火的官員們。他幾小時前才剛降落在布宜諾斯艾利斯，準備參加二十大工業國的財政部長會議。

事情還沒結束。川普還飆罵聯準會調漲利率。

「貨幣緊縮現在傷到我們所做的一切……債務要到期了，而我們在調漲利率——你是認真的嗎？」他在X貼文。這種言論看起來就像在干預中央銀行的獨立性，而這個概念對於整個全球金融體系來說是威脅，因為這個體系就是由美元支撐。保護聯準會不被政客的衝動給影響，正是維持投資人信心的關鍵。

聚集在布宜諾斯艾利斯的財政部長們，正在質疑川普的言論，是否意味著「美國對市場進行更多干預」的新時代已經開始。在這個時代中，總統和他的內閣成員可以任意介入經濟議題，但這些議題在傳統上都處於政治領域之外，像是貨幣政策。

「我可以向你們保證，總統的用意不管怎樣都不是要對聯準會施壓，因為我跟他談過，所以我知道。」梅努欽在走進二十大工業國會議中心後（位於布宜諾斯艾利斯的解放者大道〔Avenida del Libertador〕）不久就說道。他說美國的政策沒有改變，而投資人和其他財政部長相信他說的話。「不管怎樣，總統都沒有任何想介入貨幣市場的意思。」

這又是一次總統讓梅努欽很難做事的案例。人們期望財政部長要維持威嚴的氣質，這在川普執政期間有時還真難辦到。沉默是梅努欽唯一的選項。

當然，二〇一八年在瑞士達佛斯展開的局面（梅努欽無意間談到弱勢美元的好處），揭曉了一件事：失言害市場動盪不安的人並不只有川普。政府把治理美元的關鍵支柱，一根接一根的推倒：「謹慎談論美元」、「展現強勢形象」、「政策穩定且可預測」、「避免公然把美元當成痛毆他人的武器」。最後一根支柱是被推了好幾次才倒下：政府隨意發動經濟制裁，而且川普在二〇一九年夏天想要主動介入外匯市場以控制美元，但這個企圖最後被梅努欽阻止了。他這次沒有沉默，而是大聲遊說內部和外部人士。

但梅努欽並非每次都贏。二〇一九年八月五日，在幾週前本來考慮自己操縱貨幣政策的美國，終於正式指控中國是貨幣操縱者（川普堅持梅努欽的新聞稿上要有「貨幣操縱者」〔Currency Manipulator〕這個字眼，而且強調C跟M要大寫）。然而這個舉動完全沒效果，這種稱呼並沒有在任何主要市場或外交上造成大災難——世人第一次見識到這項指控有多麼空洞。

川普的總統任期展現出，美國領袖如果不慎用權力會發生什麼事。但川普讓美元更加邁向武器化，並不只有透過貨幣管道而已。他對某個俄羅斯實體發動一波經濟制裁，事後證明這些制裁大到沒人惹得起，結果反而使人更加不確定美國管理美元的能力。

第十五章

對付敵人，但不用真的流血

梅努欽禁止普丁的其中一位摯友使用美元，結果那一天鋁業投資人大賠，許多人至今仍然不願意公開談論這件事。

早在二〇一八年四月六日，美國財政部就宣布奧列格．傑里帕斯卡（Oleg Deripaska）以及任何他持有大量股份的企業，將會被逐出美國金融體系。這些經濟制裁的目的，是要對莫斯科造成打擊，因為它利用寡頭政治家作為管道，「參與全球各地的各種惡意活動」。梅努欽在制裁聲明中說道。傑里帕斯卡持有世界第二大鋁製造商「俄羅斯鋁業聯合公司」（United Company Rusal，簡稱「俄鋁」）的大量股份，這表示梅努欽的制裁波及了全球大半的金屬市場。傑里帕斯卡是一位億萬富翁，持有En+集團（En+ Group）六六%的股份，也因此持有俄鋁四八%的股份。既然他上了美國財政部的黑名單，那麼這兩家公司就要面臨制裁。

由於俄鋁即將成為「金融賤民」，歐洲鋁業的數千名礦工和廠工的工作面臨風險。該週星期五早上的貿易商品，鋁價大起大落一整天。投資人不知道該怎麼辦。由於俄鋁占世界鋁產量的六%，美國財政部等於對這個產業炸開一個一百億美元的大洞。

「美國政府只用一張八乘以十一英吋（譯按：約二〇．三乘以二七．九公分）紙上的兩段文字，就搞砸了整個商品市場，也搞砸了一名俄羅斯億萬富翁的世界。」一位加拿大金屬交易人說道。幾年後，他仍然拒絕公開且具名討論這起事件，或甚至揭露他效力的公司，因為梅努欽的「制裁驚喜」，已經害他這樣的交易人賠了好幾百萬美元。這很丟臉。

那天結束時，商品市場擺盪了二〇%，而俄鋁的股票收盤時跌了一八%。接下來幾週，這間公司的股價將會跌得更低，而且盧布（譯按：俄羅斯聯邦的法定貨幣，依六月平均匯率，新臺幣一元約可換到二．七六盧布）將會暴跌八%，因為投資人預期這股餘波將會打擊俄羅斯經濟。華爾街和世界各地金融中心的金屬交易人，開始盯著美國財政部與整套制裁行動的一舉一動，希望能找到機會彌補，四月六日那天因為「驚喜」而帶來的損失。

美國追殺傑里帕斯卡，是因為他跟普丁有關聯，這與川普只想討好俄羅斯總統的普遍傳聞剛好相反（其實光是川普在總統任內發動制裁，就表明這個傳聞不是真的，他這麼做多半是因為國會施壓）。傑里帕斯卡曾被形容為「普丁最喜愛的工業家」，是俄羅斯億萬富翁俱樂部的首席成員，他的財富隨著商品市場的興衰而漲跌。他跟普丁在二〇〇〇年認識，就此待在普丁的圈子裡。為了協助普丁辦事，據說傑里帕斯卡跟川普的競選顧問保羅．馬納福特（Paul Manafort）有祕密交流（後來前聯邦調查局長勞勃．穆勒〔Robert Mueller〕調查川普和俄羅斯關係時，有審查這個聯絡管道）。

面臨全球制裁的俄羅斯寡頭

梅努欽的財政部對傑里帕斯卡提出了嚴厲的指控，說他從事「全球性的惡意活動」。在寡頭政治家、其他六位企業大亨、十二家公司、十七名俄羅斯官員（那天的新聞稿也有點名他們）的協助下，普丁能夠在烏克蘭境內煽動暴動，支援武器給敘利亞獨裁者巴夏爾．阿塞德（Bashar al-Assad）、讓他轟炸平民，以及參與其他「惡意」的網路活動，以「推翻西方民主國家」。

「從這個腐敗體系獲利的俄羅斯寡頭政治家和菁英，將要承受他們政府那些破壞穩定活動所產生的後果，不再事不關己。」梅努欽在宣布制裁的聲明中說道。世人只有兩個月的時間，可以切斷自己和傑里帕斯卡與其大量持股的聯繫，之後美國財政部將會對任何違反制裁的人施以嚴厲懲罰，像是巨額罰款、以及公開點名和譴責。

這對私人企業來說是很難辦到的事情。眾所周知，**俄羅斯寡頭政治家的觸角**（尤其是傑里帕斯卡在俄鋁的持股）**很難追蹤**。一份對於這間企業的粗略調查顯示，數十間歐洲金屬和汽車工廠跟傑里帕斯卡有關聯。假如它們不跟俄鋁買金屬，全部都會吃到苦頭；若它們被迫關門，將會是災難性的衝擊。在供給短缺的預期下，價格暴漲了。

這對美國財政部來說是一項新的挑戰，因為它過去行動的目的通常是為了安撫市場。然而，財政部這次的行動，竟使得某個販賣大宗商品產業重要的一隅爆發了恐慌。接著事態走向了尷尬的場面——美國財政部試圖緩和一些傷害，但每個舉動都在市場觸發更多的騷動。制裁宣布之後僅僅十七天，美國財政部就發表一項聲明，放了一條生路讓俄鋁逃過制裁，但是傑里帕斯卡必須放棄這間公司的控制權。美國財政部軟化了自己對於制裁的立場，令鋁價跌到歷史新低，因為市場反應了「全球市場金屬供給變多」的預期。然而市場上頭幾週的混亂，竟一直持續到二〇一八年結束，因為美國財政部微調了計畫，而傑里帕斯卡在俄鋁的大量持股也快沒了。

這樣的動盪一直持續著。造成動盪的元凶，正是美國財政部的所作所為，它本來應該要避免這種行為。鋁、鈀、鎳等金屬的價格處於混亂中，但梅努欽依然堅持他對四月六日行動的辯詞：「我們完全理解制裁傑里帕斯卡會對俄鋁、鋁市場和我們的盟友造成什麼衝擊……這是非常深思熟慮的決策。」

但在幕後，許多財政部官員都被市場的反應嚇呆了。

二〇一八年有幾位政府官員的說法，和財政部長的公開聲明（制裁經過深思熟慮）相互矛盾。這些官員（匿名以保護他們的公眾聲譽）說財政部並沒有盡職進行足夠的調查，像是聯絡私人企業的主管和盟友，以評估「將世界第二大鋁製造商逐出美國金融體系」可能帶來的衝擊。後果顯而易見，而且影響範圍遠遠不只有莫斯科境內那位制裁對象。

俄鋁即將遭受的財務限制，威脅到現金流和工廠營運，迫使煉鋁廠歇業。以「奧吉尼什氧化鋁」（Aughinish Alumina）為例，它是位於愛爾蘭利麥立克郡（County Limerick）的金屬精煉廠。這間工廠是俄鋁不可或缺的齒輪，它讓俄鋁有能力供應金屬給全球的汽車和科技工廠。梅努欽宣布制裁後，有人猜測奧吉尼什這間由四百五十位工人運作的工廠，可能會遭到制裁並被迫歇業，此外也會產生環境方面的疑慮。關閉一間在華氏兩千八百度（譯按：約攝氏一千五百三十八度）高溫下運作的精煉廠，不但花錢還必須謹慎管理，避免二氧化硫之類的毒素汙染空氣和當地水源。因為制裁而失去營運資金，將會導致工廠立刻關門，並且可能對環境造成災害。

最後愛爾蘭這間工廠依然營運，現實世界避開了最糟的後果，因為歐洲官員遊說梅努欽微調制裁計畫。事實上，俄鋁完全逃過了制裁，因為制裁正式實施前，傑里帕斯卡已經減少了他在這間公司的持股。

這並不表示制裁對象沒有感到壓力。傑里帕斯卡的財富被抹消了六〇％。雖然這位企業大亨確實有吃到苦頭，但美國也學到了嚴酷且難堪的教訓。這種制裁方式，某種程度上展現了美國的傲慢。以前的政府會使用測試過的方法，也就是向私人企業求助，調查制裁可能造成的衝擊，並且採取謹慎的步驟來緩和市場動盪。它們也會先尋求世界各地關鍵盟友的同意，這樣的策略才能使制裁效力極大化，並且避免發生事故。

但梅努欽試圖將傑里帕斯卡和他的公司擋在美國金融體系之外時，沒做到上述這些事情。這起事件反而在暗示世人，或許有些人（例如跟全球市場有深度聯繫的俄羅斯寡頭）大尾到無法被懲罰，即使他們插手干預美國的民主制度。

在制裁發生之前

美國財政部對於俄鋁的制裁是出於壓力，這股壓力是國會的共和黨員和民主黨員在過去十八個月累積起來的，他們都想懲罰俄羅斯。自從俄羅斯干預二〇一六年美國選舉被揭露之後，立法者就已經怒火中燒。國會山莊已經因為一次調查而引發騷動：二〇一七年春天，特別檢察官穆勒調查川普的總統競選活動是否跟普丁政府勾結，但總統否認這項指控。

俄鋁遭到制裁前幾個月，川普有三位競選幹事和一位顧問，承認與這次調查相關的指控（不過這次調查從來沒有證明俄羅斯活動和川普之間的關聯）。美國情報體系發出刺耳的警告：俄羅斯對於美國民主是威脅，而那時即將到來的二〇一八年期中選舉也會受其影響。俄羅斯將期中選舉視為目標「應該無庸質疑」，總統的國家情報總監丹・科茨（Dan Coats）說道。

與此同時，美國國會正在把事情攬到自己手中。參眾兩院幾乎所有立法者（只有五人除外）通過了《美國敵對國家制裁法》（*America's Adversaries Through Sanctions Act*，簡稱CAATSA）。這條法律讓財政部有規範和職權，對俄羅斯、伊朗和北韓實行嚴重的制裁，包括點名特定經濟體並限制其財務。但跟以往的制裁立法不同（過去的立法讓總統能夠撤銷罰款），CAATSA使國會在這個流程中的角色無法動搖。如果政府想要撤銷這個法案所授權的制裁，它就必須獲得立法者的明確批准。

這個局面正在一點一滴的演變成俄羅斯將面臨的嚴重制裁。價值近一百億美元的俄鋁，短短幾個月內就成為財政部外國資產控制辦公室封鎖過的最大實體。國會透過CAATSA指示梅努欽，列出一張普丁圈子內俄羅斯高級官員和億萬富翁的名單，並且評估美國如果阻擋大家購買某些俄羅斯政府公債，會對全球市場產生什麼影響。二〇一八年一月二十九日，國會給的午夜期限十五分鐘前，財政部發表了其中一份報告，媒體稱之為「俄羅斯寡頭名單」。梅努欽知道這個期限不能延後。他預計隔天要在參議院銀行委員會召開的金融穩定公聽會上作證，如果不服從國會，他現身時就會被立法者冷嘲熱諷，這會讓他陷入本想避免的公關災難。美國對俄羅斯的立場產生緊張的局勢，讓兩大政黨非常激動。

是否真的要執行制裁

發表這份名單時，財政部並沒有宣布任何相應的制裁，所以俄羅斯那群有錢的菁英居然沒事。而在另一份機密文件中，梅努欽告訴國會，政府認為制裁俄羅斯公債市場的風險太大，因為這樣會讓全球市場陷入動盪。顯然財政部長不想發動這種會造成太多波動的制裁，所以後來他輕率的對俄鋁發動制裁，更顯得有多愚蠢。財政部發表報告時並沒有伴隨任何懲罰行動，大家都認為這些報告太溫和。

一位俄羅斯專家說梅努欽的報告「很丟臉」，證明美國的制裁「不是認真的」。

這個看法很快就引起熱議，而且是報告本身無意間造成。

財政部交給國會那張俄羅斯寡頭名單的非機密部分，居然跟《富比士》（*Forbes*）雜誌公布的俄羅斯富豪名單一模一樣，連拼字錯誤都一樣。川普政府並沒有示意要懲罰俄羅斯，反而還表明它不打算認真看待國會的制裁要求。全球有投資俄羅斯企業、債券和盧布的人都鬆了一口氣。「市場已經斷定，假如限制將會傷害美國和歐洲投資人，那麼政府就不會實行制裁。」當時有一位交易人說道，並且認為這對市場來說是「好消息」。普丁開玩笑說，他沒有跟朋友一起被列入這份寡頭名單，所以覺得「被冒犯了」。

財政部似乎默默同意，不值得為了制裁俄羅斯而在市場造成麻煩。但財政部只堅持了一下子。

財政部釋出俄羅斯寡頭名單之後，隔天早上，立法者們坐在德克森參議院辦公大樓五樓鑲木聽證室的日光燈下，把梅努欽串起來烤。「本國會與美國人民不相信總統對俄羅斯的態度，他跟普丁太親近了。」謝羅德・布朗（Sherrod Brown）這位不修邊幅、聲音沙啞的俄亥俄民主黨員，對著梅努欽說道。路易斯安那共和黨員約翰・甘迺迪（John Kennedy，很喜歡用自己的南方腔說出浮誇的批評。此人並非指美國前總統）則問說，為什麼領導俄羅斯的那個「惡棍」還沒被懲罰？梅努欽在九十分鐘的聽證會期間備感到壓力，只好向立法者保證，他的團隊「正在主動努力制定」對於俄羅斯資金的財務限制。「我們將會根據這份報告實施制裁。」他堅稱。

有幾位財政部和白宮的官員，聽到這個表態後都嚇壞了。雖然川普政府的政策制定過程在大部分時間都很混亂，但那些很篤定自己會涉及制裁（如果真的要實施）的官員，都沒聽說財政部打算要認真制裁俄羅斯菁英。這樣的行動必須透過情報體系、國務院、財政部和美國國家安全會議之間的跨機構流程來謹慎進行。但現在梅努欽顯然是在國會審查下自行制定政策。

這項決策對於財政部來說影響重大，它在市場中引發混亂，而在許多人眼中，這威脅到了財政部的神聖性。梅努欽將美元當成武器，這種好鬥的決策方式剛好被前任部長路傑克在兩年前（也就是川普總統掌控美國之前）的警告說中了。「制裁不該被輕率使用。」二〇一六年路傑克在自己以制裁為主題的開創性演說中說道：「它們很可能會導致全球經濟的不穩定。」

不過俄鋁這起事件並沒有實現路傑克最害怕的事情——好戲還在後頭。

美元武器化

自從財政部實施第一波經濟制裁後（一八一二年跟英國開戰前夕）的一百多年內，這個機關便脫離了原本孤兒般的地位，財政部長吹噓著自己花了大半時間，來決定他該把哪個敵人趕出美國金融體系，以及該怎麼做。

梅努欽第一天上班，就在電視轉播中登上了白宮簡報室這個舞臺，宣布對委內瑞拉副總統塔里克．艾薩米（Tareck El Aissami）發動制裁，因為他被指控跟毒品交易有關聯。但那天所傳遞的真正訊息與美國過去的經驗相比，更多情況下看來都顯示著，財政部變得偏愛經濟侵略更勝於經濟外交——這等於預告川普白宮會在接下來四年，將制裁的次數加倍。總統正在利用他現在能夠任意支配的武器，將美元變為工具，以達成他「讓美國再度偉大」的願景，運用這把武器帶來的各種形式的經濟侵略：調高進口關稅、控制出口、指控對方操縱、威脅要介入美元的價值，現在再加上制裁。

在川普的任期內，美國每年實施約一千個制裁，是歐巴馬政府的兩倍，而且歐巴馬的次數就已經比以前多了。被排除在美國金融體系（廣義來說就是大多數已開發國家）之外的個人和實體數量，在二〇〇一至二〇二〇年之間暴增了九〇〇％以上。

外國資產控制辦公室那張不可侵犯的「特別指定國民」名單，現在包含了四位國家元首（北韓、敘利亞、委內瑞拉、辛巴威）。梅努欽新聞稿的措辭越來越凶狠，指控六個國家進行「惡意活動」：委內瑞拉政府圈內人已開始採取「極其惡劣的做法」，創造出「腐敗的體系」以「竊取人民的財富」。他在二〇一九年一月的新聞稿提出指控，對二十幾個對象發動制裁。

儘管梅努欽用煽動性語言提出這些指控，但他堅稱制裁「無須永久」，而且「用意在於改變對方的行為」。但是「制裁的目的在於阻止或改變對方的行為，而不只是懲罰牴觸美國的人民、公司和政府」，這個概念很難有一致的標準。銀行很怕因為違反財政部的制裁、而被罰款數百萬美元以及損害聲譽，它們問自己一個簡單的問題：世界上最有影響力的國家已經說某些人是惡劣又腐敗的竊賊，我們為什麼要跟這些人做生意？

早在二〇一六年，歐巴馬的財政部長路傑克，就已經針對誤用經濟制裁提出近乎預言的警告。他警告說，除非制裁審慎實施，否則一旦其他國家設法迴避美元，「我們不應該感到意外」。短短兩年後，他的預言就成真了：財政部對伊朗發動一波新制裁，卻沒有得到任何盟友的支持，而現在就連歐洲內部最親近的夥伴，都在安排計畫要規避美元。

一開始是川普總統宣稱，歐巴馬政府的聯合全面行動計畫（由世界強權們簽訂來限制伊朗的核武）是「史上最爛協議」。二〇一八年，美國政府退出這項協議，還說伊朗正在欺騙所有人，並繼續累積他的核戰能力。梅努欽重新對伊朗實施大規模經濟制裁。八百名政府官員、伊朗銀行、貨船、飛機都被列入黑名單，重創了德黑蘭的石油部門。

美國退出伊朗核武協議，害中國、法國、俄羅斯、德國、英國、歐盟亂成一團——他們都簽了JCPOA，而且這些國家內部已簽訂這項協議的公司，已經在未來的計畫投資了數十億美元，以協助伊朗的石油經濟重新踏入全球商務。光是波音（The Boeing Company）和空中巴士（Airbus）兩家公司，就已經提撥四百億美元，準備銷售飛機給伊朗。由於美國現在拋棄這項協議，那麼這些企業就必須在美國和伊朗市場之間選一個。

財政部給出六個月的時間，讓企業可以在制裁大槌揮下去之前，逐漸結束跟德黑蘭的交易。公司被禁止跟伊朗的石油和能源企業敲定新生意。經過一系列暫時的棄權聲明之後，川普政府說，任何繼續購買伊朗石油的國家都將遭到制裁。

接下來，前財政部長路傑克的惡夢就成真了。這一刻終於到來——嚴苛且缺乏全球共識的美國制裁，驅使外國政府重新思考它們是否真的需要全能美元。二〇一九年，為了挽救脆弱的核武協議，三個歐洲強國一起想出一個計畫，協助公司繞過美元來跟伊朗貿易。英國、法國、德國公布了「特殊目的公司」（Special Purpose Vehicle），如果成功，幾乎篤定能夠軟化美式制裁的力量，並開始削弱它的全球支配地位。這就是路傑克害怕的事情。這個驚人的發展，來自某些美國最親近、最老的朋友。

制止歐洲對美元「造反」

「這一步表明了一件事：即使其他人有不同的意見，我們在歐盟內部還是能夠以團結且堅決的態度，照自己的方法做事。」一位德國官員說道。

這條新的貿易管道，有可能讓公司不被美國懲罰，進而證明美元不再是貿易的必需品，因為它不會涉及伊朗和歐洲之間的直接資金轉移。但歐洲人的挑戰在於，該怎麼向銀行保證它們被有效保護著。對於大多數的公司來說，被逐出美國金融體系等於死路一條。

美國財政部強烈反彈，利用所有機會制止歐洲對美元「造反」。恐怖主義和金融情報辦公室次長西格爾．曼德克（Sigal Mandelker），前往巴黎、柏林、羅馬和倫敦，告訴對方的官員和私人企業大佬，美國財政部封鎖流向伊朗政權的收益時，「跟雷射一樣精準」。假如有人利用新的貿易管道跟伊朗做生意，美國政府就準備要處以罰款。

到最後，嘗試規避美元無效：歐洲人放棄規避美元，以及繞過美國對伊朗的制裁。美國贏了這場拯救美元最高地位的戰鬥，但只是現在贏而已。原因在於美國同時掌控了公共和私人部門。幾間歐洲石油大公司已決定不再購買伊朗的原油，以免牴觸美國的制裁，而且一條以削弱美元為目標的金融管道，歐洲沒有任何政府願意簽名成為它的關鍵所有人。

但光是親密盟友嘗試繞過美元，就已經是一個麻煩的跡象，將美國珍貴的經濟力量置於風險中。這是自從美鈔在布列敦森林加冕為王七十年來頭一遭。而這也令梅努欽開始擔心，他覺得封鎖其他人進入美國金融體系，將會削弱美元的首要地位，並鼓勵俄羅斯和中國等國家用歐元交易，或改用其他能協助迴避美元的金融管道。

一堆事實都顯示梅努欽並非杞人憂天。**制裁對美國總統來說是寶貴的手段，讓他們可以對付敵人，卻不必真的流血。**但現在不只是歐洲強國（試圖保住他們跟伊朗的協議）想要躲避限制，委內瑞拉的經濟也被摧毀，這有一部分是川普的懲罰措施導致，他希望能推翻那裡的社會主義政權。而現在委內瑞拉政府也在尋找美元的替代品。經過一些研究之後，卡拉卡斯（譯按：委內瑞拉首都）想出一個新解方，宣布會創造一種新的加密貨幣，叫做「石油幣」（Petro）。石油幣有石油儲備作為後盾，它提供一種方式，持續銷售原油給有意願的中國和俄羅斯買家。

根據某些說法，這件事惹惱了梅努欽，於是他反而努力把川普在全球經濟戰中最愛的武器收起來，以保住美元毫髮無傷的地位。川普執政期間那些在白宮、國務院和財政部任職的人，說他們親眼看到梅努欽大概從二〇一九年開始，建議川普採取更審慎的方式來實施經濟制裁。一次又一次，這位財政部長擋下了對於委內瑞拉、俄羅斯、中國和其他國家的嚴厲經濟制裁。後來梅努欽表示，在他任內，「財政部的制裁對象多半是流氓政權、侵犯人權者、恐怖組織和其他惡意行動者，而不是其他政府——而且我們實施制裁時，會持續且密切和國務院協調。」

梅努欽在美國史上最失控的政府裡，撐過了四年的財政部長任期。那段時期是會發生這種事的：有一位高級內閣官員去非洲出差，坐在軍機的馬桶上拉肚子時，居然發現自己被開除了。但梅努欽在自己任內，成功保護了美元不被川普直接襲擊——雖然梅努欽說過自己想要弱勢貨幣，也審視過財政部介入市場的能力，但他從來沒有去實現。

這四年真的很難熬。他通常都是二十大工業國會議中最古怪的人：其他十九個國家全部圍攻他，而他冷靜的堅守川普的「美國優先」願景。總統圈內和圈外的死忠川普支持者，指控梅努欽私底下是個自由主義者、支持自由貿易，而民主黨員看不起他，因為他親近川普。他也偶爾會因為沒有完全理解公僕的角色而被媒體懲罰，例如詢問自己是否能搭乘每小時兩萬五千美元的軍機，去歐洲度蜜月（最後他並沒有包政府專機去度假）。還有一次，他帶著太太去看第一批印了他簽名的美鈔。一張林頓的照片（戴著黑皮革長手套，手中握著一疊未裁切的鈔票）莫名其妙傳遍X，她看起來就像詹姆士·龐德（James Bond）電影裡的反派。

但只要去問無關政治聯繫、就近觀察過梅努欽工作的人（他們也見識過川普其他更古怪的經濟顧問），你將會聽到讚美。「我想稱讚他。」參議員馬克・華納（Mark Warner）說道。他是維吉尼亞州的民主黨員，在二〇二〇年春季、夏季曾和梅努欽合作，拯救在新冠肺炎疫情期間重挫的經濟。「梅努欽已經很拚命了。」有些人說，替一個善變又反覆無常的主子效力很辛苦，而梅努欽盡力避免川普作出壞決策。有些人很感激梅努欽做滿任期，避免財政部長的位置空著，或是讓一位保護主義者接替他的職位，並願意按照川普的要求，壓低美元的價值並且試圖控制聯準會，那樣更糟。

然而，梅努欽即將卸任時所揭露的內情才最多——包括他所扮演的角色，以及這屆政府在政權交替之際，讓美國處於什麼狀態。

國會山莊的暴動

二〇二一年六月，梅努欽從蘇丹坐短程班機降落在臺拉維夫（Tel Aviv，以色列第二大城市），他不敢相信自己手機上閃過的頭條：「暴徒攻占國會山莊」、「美國國會山莊暴動期間，女性遭到射殺」。他滑過美國人拿著川普旗子破窗的照片——而且他們還帶著一條絞索，據說是要用在副總統麥克・彭斯（Mike Pence）身上。接著有報導指出，川普總統在西廂餐廳看著這場混亂爆發，有人勸他應該試著安撫自己的支持者，但他不聽。美國身為民主鬥士的角色，正在世人面前崩塌，此時梅努欽正要去開會，隨後還要跟以色列總理開一場共同記者會。一月七日清晨，當大多數美國人都還在睡，梅努欽站在以色列總理班傑明．納坦雅胡（Benjamin Netanyahu）的身邊，說出慎重的話。

「昨晚發生於華盛頓特區國會山莊的暴動，是完全無法被接受的。」他開始說：「我們的民主制度已經穩健持續了一段很長的時間，我們的民主將會戰勝……現在我們的國家應該團結一致，尊重美國的民主過程。」這些話是他身為美國財政部長的最後公開言論。

梅努欽縮短了他的國際行程。其他美國官員也突然取消預定的出國行程，敵國可能會利用美國這次歷史性的政治危機，所以這些官員擔心川普總統和他的白宮會扛不住壓力。正當世人看著美國陷入動亂，梅努欽是世界上唯二獲得總統個人信賴，且擁有憲法職權（內閣官員）的人之一（另一個人是國務卿麥克．龐培奧〔Michael Pompeo〕）。唯有同時具備這兩者的人，才有辦法安然度過總統（任期剩沒幾天，但還是有些美國人想罷免他）造成的醜陋暴動。

梅努欽的責任變成兩倍。身為財政部長，他的職責是維持市場的信心，而這個概念根植於美國的法治。維持美國民主制度的穩健，使其達成使命，讓經濟成長並維護市場穩定，美國財政部在這方面所扮演的角色越來越重要。身為世界上權力最大的財政部長，梅努欽負責看管美元。美國經濟或民主的不穩定，將會傷到美元的卓越地位。

第二個責任則是從第一個衍生出來的：就跟其他內閣官員一樣（有許多人在川普卸任前幾天辭職以示抗議），當梅努欽宣誓就職時，他就已經誓言要「支持並捍衛美國憲法，對抗所有國內外敵人」。而這句話就提到了第二個責任──延緩內部威脅。

美國與其立法者和領導者，正在消化這場暴動，以及川普對暴動的反應和他在暴動結束後的行為。他們每個人都想到其中一條憲法：第二十五修正案，它可以把總統趕下臺。梅努欽和龐培奧短暫討論過，要動用這個修正案罷免川普，但最後還是打消念頭。「我們兩人都認為，最好的結果就是正常的政權過渡，這樣才行得通，而且我們都沒有打算要認真引用第二十五修正案。」梅努欽說道。他承認他「出於好奇」，用谷歌（Google）查了一下罷免總統的可能性。

川普時代將美國帶到未知領域，測試了民主制度的底限。到了二〇二一年，美國總統已經做過以下事情：密謀顛覆民主選舉、稱讚獨裁者，還擺脫了美國上一世代的經濟假設。川普總統離開白宮之後兩個月，一位美元老總管現身，鼓勵立法者採取緊急行動以捍衛美國的民主，而且他有經濟上的理由。

「如果我們的國家想在經濟上成功，我們的市場體系就必須與強而有效的政府共同運作。」魯賓在《華盛頓郵報》的社論對頁版上寫道：「強而有效的政府，則需要一個正常運作的民主過程。」魯賓（財政部強勢美元口號之父，這句口號注入了美國的實力和權力）正在請求國會通過兩條法律，以保障選舉公正性並改革競選融資，而他的目標是確保這個國家的「經濟未來」。

民主黨員公開批評共和黨總統並不難。但魯賓提供充分理由，保障國家的基本信條──

民主，以及它的市場經濟（美國公民和其他國家的依靠對象）。

魯賓用一句話總結了為什麼美國選舉過程受傷害會對美元不利，並且急需修復：「民主的命運和市場的命運密不可分。」

第十六章

該動用經濟戰中的核武了

華盛頓秋天某個多雲的晚上，一輛黑色的雪佛蘭薩博班（Suburban）休旅車，停在第十六街一棟老舊的石頭大廈。白宮那具代表性的白色石柱，就在南邊一個街區外清晰可見。一個身穿深色西裝、戴著耳機、對講機線圈靠在脖子上的男人，從前座現身並打開後座的門，然後在門前的地面放了一個小踏腳凳。一位身高五尺三吋（譯按：約一百六十公分）的白色短髮女性（紫色西裝外套的領子立起來）走出休旅車，再迅速走進歷史性的亞當斯飯店（Hay-Adams），一位特勤局官員跟在她後面。這棟一百三十六歲的建築物（某位美國開國元勳後代的家，後來成為華盛頓特區最高級的豪華飯店）曾經娛樂過許多名人，例如馬克・吐溫（Mark Twain）之類的文人，以及亨利・季辛吉（Henry Kissinger）之類的政治巨頭。二〇二一年十月二十日晚上，老紳士們在這裡祕密聚會，迎接美國史上第一位女性財政部長。

珍妮特・葉倫已經打破了許多無形的限制。她曾經是諾貝爾獎得主的「隨遷配偶」（trailing spouse）[21]，後來在歐巴馬總統任內成為第一位擔任聯準會主席的女性，現在正在享受退休生活。

但面對新冠疫情造成的經濟蕭條，總統當選人拜登請她重回公職，成為第一位女性財政部長——她又打破了一片天花板[22]。這位土生土長的布魯克林人，在金融危機後成功復甦經濟，足以列入教科書；此外她輕聲細語的風格也很有名，雖然話不多，但一開口就能引起聽眾的注意。葉倫在學術圈被稱為「個子雖小但ＩＱ超高的女士」。她從中央銀行的最高職位退休時（二〇一八年川普請她續任，但她拒絕），自稱「珍妮特迷妹」的人們情感上無法接受，於是戴上假髮、模仿她的蓬鬆鮑伯頭來表達心意。她在聯準會上班的最後一天，「#PopYourCollar」（#立起你的領子）登上X趨勢，數百位經濟學家和央行官員，都貼了把自己的襯衫領子立起來的照片，向葉倫的招牌風格致敬。

部長校友會

葉倫當上財政部長約十個月後，走進亞當斯飯店的門廳，然後一路走到一樓餐廳後方的私人包廂，把一整天的會議（包括和共和黨高層開會）拋在腦後。那個晚上的歡迎晚餐，有著美國財政部的著名歷史典故。前任部長們和聯準會主席齊聚一堂，歡迎新任財政部長來到他們神聖的俱樂部。這項傳統是在一九五三年，由曾任杜魯門政府財政部長的約翰・史奈德（John Snyder）所建立，從此它就成為一種授銜儀式，讓一位新成員加入世界上最頂尖經濟政策制定者的非正式聯誼會。參加這場私人晚餐（沒有邀請幕僚或助理）的人，包括前任財

21 編按：葉倫的丈夫為二〇〇一年諾貝爾經濟學獎得主喬治・阿克洛夫（George Akerlof）。「隨遷配偶」則指涉跟隨伴侶一同前往外地工作者。

22 編按：英文以玻璃天花板比喻無形的限制。

政部長們，以及現任和前任聯準會主席。

這個由前任和現任部長組成的非正式「校友會」，某方面來說是在歌頌這些「校友」們，曾經領導過的機構所擁有的非黨派威信。畢竟這份工作的重點在於跟著錢走，而不是隨著政治意識形態起舞。每位部長都宣誓要捍衛憲法，然後他的前輩們就會邀他共進私人晚餐，跟這位新成員乾杯，歡迎他的加入。這個菁英俱樂部的成員，全都不願意討論他們的「入會晚餐」，由此可見一個人需要有政治靈敏度才能保住這份工作。他的每一句話、每一次皺眉，都有足以影響所有經濟體的力量。

「財政部官員彼此之間都有共同的羈絆，因為我們全都處理過同樣類型的問題。」史諾說道，他在小布希執政期間擔任財政部長：「無論民主黨員或共和黨員、保守派或自由派，曾經接觸過財政部的人，都因為共同的認知而團結在一起，包括經濟、美元的首要地位、美國公債市場、以及無法維持美國經濟優勢的風險。這對我們的世界地位很重要。」

這個團體的成員都很渴望維持其聚會的神聖性，而且通常都不願意分享晚宴中發生的事情。鮑爾森頂多說這些晚餐「很有趣。我們聊了戰爭的故事，並且給彼此籠統的建議。他們都非常友善」。他自從二〇〇六年自己入會之後，每一場晚餐都有參加。二〇一七年五月，他還主辦了歡迎梅努欽的派對，地點位於華盛頓H街的大都會俱樂部（Metropolitan Club）。一位參加者形容這次盛會拘謹且恭敬，主菜是春天的羊頸肉配紅酒。有些賓客從紐約和芝加哥飛來參加這次盛會。有一張在餐會結束後用iPhone迅速拍下的照片，上面有六位財政部長整齊的站成一列：歐尼爾（這是他過世前最後一次參加財政部晚餐）站在麥可・布盧門撒爾（Michael Blumenthal）旁邊，布盧門撒爾是卡特執政時的財政部長；再來依序是蓋特納、路傑克、梅努欽和鮑爾森。葛林斯潘和葉倫（代表聯準會）站在前面，露出禮貌的微笑。生硬又固執的薩默斯躲在最邊緣，露出有些尷尬的微笑，而魯賓靠過來看著這一整群人。

全能美元不再那麼重要

雖然近年來的晚餐都比較簡單，但也有一些比較精緻的晚宴，例如舒茲（尼克森時代的財政部長）就發了美鈔形狀的巧克力棒當作紀念品。這個主題後來又出現了一次：二〇〇一年歐尼爾就職之後，每位賓客都收到一個巧克力蛋糕，頂端有一疊一元美鈔複製品——上面有新部長的簽名。

這個團體也代表著一群很獨特的美國政治人物，他們多半都聽華爾街或產業的話，而且有許多人面對黨派忠誠度的質疑。梅努欽被指控是川普政府中的民主黨員；蓋特納原本是共和黨員，後來才換黨加入柯林頓政府；鮑爾森被小布希政府的同事質疑，他沒有忠於共和黨的理念。

這是因為財政部從設計上就不是黨派機關。它的重點在於經濟和美元。

這群人裡頭唯一會搧風點火的，或許是薩默斯，他當過柯林頓的財政部長，後來成為歐巴馬的顧問。在梅努欽財政部長任內，薩默斯打破了紳士們心照不宣的協議（避免公開批評財政部的後輩）。他在X、部落格貼文和論壇，都把梅努欽稱為「不負責任的馬屁精」，還罵了其他東西。

事實上，薩默斯是這群人裡頭唯一公開給葉倫建議的（當時她甚至還沒上任）：重回強勢美元政策。薩默斯試圖讓美國貨幣政策恢復可預測性、並且再度利用美元來展現國力，他希望財政部重拾魯賓那句保險桿貼紙上的老話：「強勢美元符合我們的國家利益。」但葉倫並沒有聽從這個建議，而是一下子就抹消任何人想要恢復二十六年強勢美元政策的念頭。「美國不會追求弱勢貨幣以獲得競爭優勢。」她在確認聽證會上說道。她對於美國政策的聲明幾乎沒有驚動市場，這更加證明財政部的貨幣制度已經進入新時代，全能美元沒有那麼重要了。

原因有二。第一，自從葉倫上任以來，貨幣市場已經成長了五倍。財政部的一千四百二十億美元匯率穩定基金（以前用來控制美元的帳戶），相較之下根本微不足道。第二，貨幣政策的力量，現在顯然比美國財政部長說的話，更容易影響美元每天的價值。由於政府沒有介入（實際上和口頭上都沒有），所以聯準會的利率，以及它們跟其他國家的利率相比，才是對於外匯市場的最大影響力。

匯率穩定基金、貨幣交易人、追著財政部長希望能問出美元言論的財經記者——這些在亞當斯飯店私人包廂慶祝葉倫就任財政部長的人們，全都在自己任內應付過這些話題。他們都為了捍衛美元而奮鬥過：魯賓制定政策讓美元不受政治干預；鮑爾森和蓋特納協助美元挺住全球金融危機的壓力；梅努欽延緩了白宮內部的威脅。而且每個人對於美元演變成美國最重要的武器，都扮演了重要的角色。但在幾個月內，葉倫就用到這股萬能又強效的力量，這是她的前輩們無法想像的。事實上，它引起一連串的事件，令美國的朋友和敵人不禁懷疑，美國的經濟支配地位（由美元的世界核心角色來支撐）值得惹上這種麻煩嗎？

烏俄開戰

「這或許是你們最後一次看見我活著。」

這是一國元首所能做出的最絕望的警告和懇求。不過烏克蘭總統弗拉基米爾．澤倫斯基（Volodymyr Zelenskyy）真的很怕他跟他的國家活不下去。二〇二二年二月二十四日星期四的清晨，烏克蘭（領土跟德州差不多大）的天空充滿了數百架重型轟炸機，以及一百枚以上的飛彈，同時俄羅斯的軍隊也沿著聶伯河移動，朝首都進軍。普丁總統顯然是想完全控制烏克蘭，據說他擬定計畫要推翻位於基輔的政府。第一天即將結束時，看起來基輔會在午夜之前淪陷。但澤倫斯基已經向俄羅斯和全世界保證，他們會「看到我們的臉，而不是我們的背影。」烏克蘭正在抵抗，基輔不會淪陷。

距離東歐血腥戰場超過五千英里以外，一場經濟戰即將在華盛頓特區開打。這種回應普丁的方式，將會幫助澤倫斯基捍衛烏克蘭，並協助他堅守這個國家的自由，儘管初期大家都預測俄羅斯在幾天內就會獲勝，結束這次衝突。

從這方面就能看出，美國不會動用野戰砲或反戰車步槍。它將會動用另一種武器：美元。早在九月，拜登總統就已經指示他的團隊要擬定經濟制裁計畫。一開始這些制裁只是當成嚇阻來用，作為最後通牒，勸普丁不要掏空八十年來，用和平和合作建立起來的全球秩序。接著，假如他還是照原定計畫入侵烏克蘭，那麼美國就會發動制裁。美國財政部第二號官員阿德瓦勒．阿德耶莫（Adewale "Wally" Adeyemo），已經取消他的聖誕節和新年假期，以協助草擬這項應變計畫。到了戰爭爆發時，阿德耶莫已經讀完了《莫斯科紳士》（*A Gentleman in Moscow*）這本書。這是一本虛構小說，描述一九二〇年代一位詩人只是寫了一首革命詩，就被軟禁在一間莫斯科旅館的房間內。阿德耶莫痛苦的見證二〇二二年的事件，對美俄關係造成永久傷害，他後來說他在這場戰爭的背景下讀這本書時，突然意識到他將永遠無法走在故事中的街道上。

一旦普丁發動戰爭，阿德耶莫和達里普．辛格（Daleep Singh，白宮副國家安全顧問）一起擬定的計畫就該付諸實踐了。

俄羅斯入侵烏克蘭的頭七十二個小時，克里姆林宮的軍隊兵分陸、海、空三路神速進軍，因為普丁想要奪回舊蘇聯的領地。美國、加拿大和英國率先做出回應，他們採取許多經濟措施，打算搞垮普丁的經濟：他們凍結了數百位俄羅斯寡頭和政府官員的資產、以及該國最大金融機構所屬資產中的一兆美元。

阿德耶莫和辛格已經發動一整套史上最凶狠的經濟制裁。幾天後普丁自己就說這是「經濟閃電戰」。

核武級的經濟閃電戰

從外界看來，這些措施好像很迅速。戰爭的第一個月，美國已經制裁了六百個以上的目標，包括俄羅斯寡頭、政府官員、企業，甚至還有普丁親信的超級遊艇。白宮有三十個盟友支持其中許多制裁。但是要讓七大工業國跟歐盟「上車」，還真是一項艱鉅的任務——內容包括每天工作十八小時、機密簡報、午夜電話，以及一大堆無花果牛頓餅乾（Fig Newtons）和卡布奇諾。

盟友之間所有協商的癥結在於，「將世界上第十一大經濟體逐出金融體系」的概念太難以想像。俄羅斯是二十大工業國的會員國之一，這意味著它跟全球商務交織極深，因此如果試著將它逐出供應鏈和市場，必定會造成副作用，導致家庭飢餓、人民失業、公司損失數百萬美元。歐洲國家特別容易遭受這種痛苦，因為地理位置越靠近俄羅斯，經濟聯繫就越深。可是當二月二十四日毀滅戰開打、坦克開進血跡斑斑街道的照片傳遍報紙和電視，數十個國家都已準備好完全釋放他們結合起來的經濟力量。當天戰事爆發之後，法國、義大利、英國和德國終於明白，是時候該踏出那曾經無法想像的一步了：這一步基本上將會在民主國家和俄羅斯之間產生鐵幕。

四千四百萬名烏克蘭人有生命危險，媒體循環播放爆炸場面，這些爆炸殺死了無辜的公民，以及躲在地下鐵路隧道的婦女和小孩。自從一九四一年納粹德國以來，火箭第一次劃破天空攻擊基輔，令人害怕它很快就會被攻占。烏克蘭所有城市都幾近毀滅，而澤倫斯基總統正在社群媒體上張貼既匆促又激昂的影片，誓言與他的人民同進退，儘管普丁派人獵殺他。

入侵的頭四天對美國主導的經濟戰來說很關鍵。歐盟準備採取猛烈的經濟報復，第一個跡象在俄羅斯入侵的第一天就出現了。星期四，華盛頓當地凌晨一點，歐盟執行委員會高級官員比約恩・賽伯特（Bjoern Seibert），用 WhatsApp 傳了一段訊息給白宮的辛格，說他即將獲得整個陣營的支持，可以重創普丁的經濟了。

星期五，拜登親自打電話做出最後的勸告：該動用經濟戰中的「核武」了。這次要制裁俄羅斯的中央銀行，俄羅斯的戰爭資金約有一半會遭到凍結，價值約六千四百億美元。這些資金的形式包含存放於世界各地不同的貨幣和黃金。

這項舉措很大膽，但它會奪走普丁手上的現金，讓他無力繼續資助侵略行動。西方強國加上日本組成了統一戰線，凍結俄羅斯的準備金，就像你的銀行帳戶一夕之間失去了等同於奧地利GDP的金額。這筆錢都屬於「俄羅斯要塞」（某些分析師如此稱呼）的一部分，普丁建造這個要塞就是想防備經濟制裁。他已經拋售了六〇%以上的美元準備金，將俄羅斯的儲蓄換成比美國更親俄國家的貨幣，像是土耳其和中國。

拜登提議的第二項措施，是將幾間俄羅斯的銀行逐出ＳＷＩＦＴ，金融機構運用這套全球體系來寄送安全的交易訊息。九一一事件後，它在切斷恐怖分子融資方面扮演了關鍵的角色，而現在美國指望它解決另一個大型地緣政治問題。各國的政府、中央銀行和金融機構需要美元管道，才能涉足全球金融市場；同理，他們也需要ＳＷＩＦＴ才能把錢從一個帳戶搬到另一個。

這一切都要祕密進行，否則俄羅斯情報人員會聽到風聲、知道俄羅斯的經濟即將被地毯式轟炸。如果克里姆林宮發現這個計畫，他們或許會將數十億美元移到其他地方，以躲避即將到來的制裁。為了避免資產外逃，凍結俄羅斯大筆資金的公告，必須在華盛頓星期日晚上之前發布，也就是亞洲市場的交易日開始時。

到了星期五晚上，拜登已經獲得十幾位世界領袖與其經濟團隊的支持。就連聯準會都準備好迎接經濟重拳了：白宮已經警告中央銀行的高級官員，制裁即將發生（他們必須注意任何即將出現的金融穩定風險，因為有可能需要聯準會的手段來安撫市場）。星期六早上，他們距離實施史上最大的經濟制裁又更近了一步。俄羅斯是個巨大的經濟體，符合他對世界的影響力。但他已經藐視國際規則和價值，所以是時候該禁止他進入全球金融體系的特權了。

參與制裁的世界領袖們都直覺認為，俄羅斯不知道接下來會發生什麼事：普丁從來沒想過，全世界願意忍受一點痛苦，只為了懲罰他。

但這些制裁被一個人攔住了去路，那就是葉倫。她擔心這些行動會對美元造成什麼影響。

葉倫的考量

在星期六清晨一場安全通話的戰情室電話會議上，葉倫告訴拜登，財政部需要更多時間，才能審視這麼大經濟制裁潛在的風險。既然它被稱為「核武」，那麼它肯定是大型武器化的美元。她最擔心的是，外國的中央銀行可能開始懷疑，美國依舊是能夠安全存放資產的地方嗎？假如制裁能夠讓人拿不到錢，美元作為世界基準貨幣的地位就會受損。但總統很確定他做了正確的決定，而且速度一定要快。

拜登結束國家安全會議的通話，並指示白宮的高級助理們，設法跟葉倫一起順利完成任務，他不希望他的人馬在這種關鍵時刻起爭執。

為了與財政部長攜手讓事情順利，辛格和他的上司——國家安全顧問蘇利文，採取非比尋常的一步：安排一位外國領袖，代表他們說服美國財政部長。在歐盟執行委員會烏蘇拉．馮德萊恩（Ursula von der Leyen）的協助下（她也對美國的耽擱感到洩氣），星期六下午一點左右，這一群人終於可以請義大利總理德拉吉直接打電話給位於財政部辦公室的葉倫。當葉倫在聯準會工作、而馬里奧擔任歐洲央行總裁時，兩人就因為在全球金融危機期間合作而成為好友，而白宮希望馬里奧能利用他的央行說法來說服葉倫。

德拉吉透過一通安全電話，向葉倫保證歐洲也參與了拜登團隊制定的措施，而這股宣告金融戰爭的團結力量，將會捍衛美元的地位。他說，為了懲罰普丁而讓市場承受短期痛苦是值得的。到了華盛頓下午三點，七大工業國在四天前首次草擬的聲明，準備要發表了（日本將於一天後加入這個行動）。

那個星期六晚上，歐盟和七大工業國（加起來占了俄羅斯國際貿易的一半）把俄羅斯的大半金融體系排除在世界其他國家之外，使俄羅斯成為地表上被制裁得最嚴厲的國家。

美國並不打算派兵介入普丁的戰爭，而是選擇將美元作為關鍵武器。自從二〇〇一年，恐怖分子在九月十一日發動攻擊，迫使美國將「制裁」這把上古武器改造成二十一世紀版本之後，制裁長期以來都是一種外交政策手段。

正當歐洲內部的熱戰如火如荼的展開，各國之間的冷戰也逐漸升溫（儘管它們都公開譴責俄羅斯的罪行），強權較勁的新時代已經開始。

美元霸權地位的威脅

二〇二二年二月二十六日星期六晚上五點十三分，也就是美國制裁在美元武器化過程中的臨界點，在幾十年後究竟會成為國家歷史上被遺忘的汙點，抑或局勢急遽惡化的開端？這就交給美國選民和領袖決定。帝國是在長期下不知不覺垮掉的，而不是一夕之間。

那天的事件以及它們觸發的後續情況，將美元置於歷史的十字路口。美元武器化的種子在一九四四年被種下（二戰即將結束之際），九一一事件後正式啟動，而在二〇二二年，它或許變得太過火了。時機真是糟到不行：美國現在的債務負擔比其他任何國家都還重。假如美元跌落神壇，美國也不會是第一個因為財政管理而垮臺的超級強權或帝國。雖然美元改變了世界，但世界現在可能也正在改變美元。

美元支配地位的最大威脅並非源自國界之外，而是來自一系列自己造成的政策傷害，令人更加懷疑，美國是否應該繼續作為全球金融體系的中心。

美元有個明顯的傷痕是國會山莊所致。自從一九六〇年以來，美國國會已經提升債務上限七十八次了。一路上這個國家越來越兩極化，因此這個行動也成了立法者的政治棍棒。到了二〇二三年，這個看似例行性的政治角力，和上一次戲劇性爭執（二〇一一年）比起來，風險真是高得可怕：黨派偏見達到狂熱的地步，令投資人懷疑，國會是否無法達成共識來提升債務上限。需要重新融資的債券比以前多出十七兆美元，而且外國持股超過以前的兩倍，達到七兆美元。世人對美元和美國公債的賭注已經增加。這個假想危機的可能性，已經讓華爾街開始設立戰爭辦公室，有些外國領袖甚至嘲笑美國可能會滅亡。

這股後座力波及了所有市場，而到了夏天，三大信用評等機構的其中一家，終於調降了美國政府債券的等級，可說是歷史性的舉動（儘管後果並不明確）。信用評等機構惠譽

（Fitch）提出的最尖銳批評，是關於二〇二一年一月六日國會山莊內部的暴動；這令惠譽非常擔心美國是否有能力治國和處理大筆債務。

為了履行債務而爭執、質疑選舉結果，都加深了國家衰微的印象。這個新印象可不是好兆頭。歷史數百年來已經展示了貨幣和國家政治支配地位之間的連結。十八世紀，英鎊取代荷蘭盾成為世界儲備資產，催化劑在於荷蘭失去了經濟管理方面的可信度，以及英國加速經濟擴張；美國超越英國成為世界最大經濟體後（而且美國的經濟前景顯然也比較強盛）沒多久，美元就在布列敦森林會議期間加冕為王。

美國失去世界儲備資產持有者的地位所造成的後果影響深遠。這個國家將必須更加量入為出，以及應付更高的借款成本，這兩者都需要減少財政預算。接著，這有可能妨礙投資和創新，它們正是使經濟成長超過其他任何國家的驅動力。更高的政府借款成本將會逐漸轉嫁給實體經濟，這意味著房子、車子和教育都會變貴，實現美國夢的難度將會更高。它也限制了華盛頓的經濟國策選項，弱化了能夠影響地緣政治的關鍵機制。

美元的優勢

不過，美國的統治權很可能會持續下去——這表示美元也會。

有個關鍵因素對美國有利，就是沒有明顯能夠替代美元的貨幣。中國人民幣受到北京妨礙，因為北京仰賴資本控制來防止匯率突然波動。這需要政府干預，而投資人最討厭干預（美國在一九八〇年代就學到慘痛的教訓）。此外，中國並非由法治支撐的民主國家，因此投資人無法信任他，而且他的市場也不像美國這麼開放和透明。另一個經常被提到的替代品——歐元，則很難成為世界儲備貨幣，因為它所代表的經濟體不夠大。它的債務憑證缺乏美國公債市場所提供的彈性和高度流動性。至於數位貨幣，雖然常常被討論，但還是微不足道，而且未經測試。

美國第二個現任優勢在於，那些試圖避開美元、強化雙邊貿易的國家，都證明了美元很難捨棄。以印度和俄羅斯為例：普丁的美元管道被切斷之後，印度開始用盧比購買俄羅斯石油。但莫斯科拿著一堆盧比根本無法使用，因為它們無法輕易兌換成美元，所以現在印度改用美元購買俄羅斯石油。就連不想用美元的地方，也還是躲不過美元。儘管反美元言論很多，但金融體系內的慣性，使得約九〇%的每日交易（二〇二三年）仍涉及美元，這證明那些試圖遠離美元的國家和世界各地的公司，都已經對它上癮了。

而且雖然關於美國民主制度和全球領導地位的爭議吵得很凶，但它的經濟沒有任何縮水的跡象。美國的人口只占全世界四%，卻占了全球產出的四分之一，而且儘管美國的製造產業衰敗、政治動盪，但這個數字四十年來都沒變。美國以自己的經濟體為傲，它比世界第二大經濟體中國還大七兆美元左右，這多半是因為它有令人羨慕的消費者群體，能夠驅動全球商務。

最後，美國經濟的長期前景越來越強盛，提升了投資人的信心，並鞏固了美元。到了二〇二三年，製造產業的戲劇性衰退（定義了最近幾十年），已經開始止跌回升了。川普試圖「買下美國」，後來變成拜登總統在做這件事。有幾個政策正在驅動這個轉變，包括來自《晶片與科學法》（*CHIPS and Science Act*）的五百二十億美元投資，讓美國可以自己生產半導體（電子裝置的關鍵零件之一）。

這也解鎖了數千億美元的私人企業投資。曾經有一股趨勢掏空了美國心臟地帶，但現在這裡出現了大量就業機會：俄亥俄州利金郡（Licking County）的半導體工廠；加州歐中賽德市（Oceanside）的襪子生產線；密西根州蘭辛市（Lansing）的電池和乳製品製造廠。樂高（Lego）這間知名的丹麥玩具公司，挑選維吉尼亞州里奇蒙市（Richmond）作為它在美國第一間工廠的所在地，而不是設在墨西哥。製造業相關建設的支出已經飆破了最高紀錄，而且這些城鎮的地方經濟，都受到這些新增的支出和工人所推動。Uber司機、快餐車、新餐廳，這是美國自從二戰以來，產業政策上的最大嘗試。

美元政策的取捨仍在重新平衡中

經濟政策制定者終於緩和了一些魯賓強勢美元政策所造成的痛苦取捨。他的美元口號與其背後的行動，在動盪的時代協助穩定外匯市場，並且在美國的經濟支配地位上（世界仰賴它來提供保障）扮演了要角；然而，它所支持的超全球化有不利因素。川普仔細聆聽俄亥俄州夢蓮市這類地區選民的心聲，他發現強勢美元所支撐的貿易條約，對於大批選民來說是太大的取捨。美國依然在重新平衡當中。

這個國家自己的政策，最終將會決定他的命運。強勢貨幣需要強健的民主制度。自從美國在一七七六年獨立之後，其他國家已經在等他滅亡。起初是大英帝國希望能夠取回他在美國革命時失去的珠寶。南北戰爭期間，當財政部長蔡斯發現國庫空虛時，世人懷疑這種新奇的貨幣（似乎是既不成熟又不道德的概念），或許反而會加快美國的分裂。但這個國家將工會團結起來，用幻想和信念（美元會慢慢成為代表性貨幣）所組成的魔術技巧來向前衝。最近，俄羅斯和中國已經想要篡奪美國的霸權。雖然一些國家（加起來約占世界經濟的一半）團結在一起、打算避開美國的支配（包括巴西和波斯灣國家），但他們多半是由獨裁領袖掌權，只要領袖垮臺，他們領導的非民主國家也會跟著垮掉。

鞏固美元的職責將會落在美國第七十九任和第八十任財政部長的身上。保護全能美元這個「天然資源」的人，將必須壓制它未來的武器化。

一九四四年布列敦森林會議期間，財政部長摩根索協助美元加冕成為儲備資產；魯賓創造一個口號，賦予美元一種神話般的特質；歐尼爾和史諾磨利了它的牙齒；梅努欽保護它不被善變的總統干預；葉倫看著它打一場代理人戰爭。下一任財政部長將會繼承一個難以置信的貨幣，它形成史上最大的公債，而且還有一項活動——將它用於戰爭。以前維護這個國家寶藏的戰鬥，將會告知後人該怎麼打贏下一場：領導者們必須對於美元如何掌權有著獨特的理解，懂得向市場展現威風、值得信任、有著堅定的信念。他們在聯準會的朋友（通常會跟他們一起吃晚餐，慶祝新部長上任），對於美元的每日價值或許更有影響力，但決定美元長期命運的人，是美國財政部那些負責產業、經濟和債務管理政策的公務員。

這些日子，前任財政部長和官僚們都氣喘吁吁的解釋說，只要美國持續強盛，美元就會存活。索貝爾這位資歷四十年的美國貨幣政策老兵，現在借用莎士比亞（William Shakespeare）筆下的凱撒（Julius Caesar）的一句話，總結那些來請教他的人們所遇到的問題：「親愛的布魯圖斯（Brutus），錯不在我們的星星，而在我們自己。」

致謝

這本書動員了一村子的人才得以完成。

感謝我的經紀人，Javelin的麥特．卡里尼（Matt Carlini）在成書的過程中扮演了關鍵的角色，協助我微調概念，在每個步驟都提供支持和洞燭先機的建議。我的編輯崔西．戴利（Trish Daly），幫助我找到了我的作家之聲，感謝她願意賭我一把；也感謝梅根．麥科馬克（Megan McCormack）、梅莉．桑（Merry Sun）、以及企鵝出版集團的嚴謹製作團隊。我感激馬克．索貝爾分享他在財政部四十年以上深度經驗所累積的見解，而且他還讀過與評論過好幾份草稿。

我虧欠了許多通訊專家，他們花費自己的時間和精力，幫我安全取得關鍵的資源和資訊。許多人都幫了我，但我想特別感謝喬伊．福斯（Joy Fox）、崔西．韋克斯勒（Trish Wexler）和黛比．格拉布斯（Debbie Grubbs）。本書受益於許多現任和前任財政部、聯準會和行政部門官員們的對話，以及其他大方撥出時間和知識的人。史蒂芬．梅努欽很有耐心的回答我那看似永無止境的問題——我追著他環遊世界好幾年。

此外還有許多人也分享了無價的見解：約翰．史諾、羅伯特．魯賓、亨利．鮑爾森、路傑克、提摩西・蓋特納、傑洛姆・鮑爾、萊爾・布雷納德、安迪・寶科爾、安德烈亞・加基、達里普・辛格、傑米・戴蒙、羅伯・尼可斯（Rob Nichols）、提姆・亞當斯、傑佛瑞・岡本、東尼・弗拉托、布倫特・麥金托什（Brent McIntosh）、大衛・利普頓（David Lipton）、傑夫・薛佛（Jeff Shafer）、約翰・史密斯（John Smith）、胡安・薩拉特、賈斯汀・穆茲尼奇（Justin Muzinich）、彼得・哈洛（Peter Harrell）、米歇爾・戴維斯、約翰・威克斯、鮑伯・多納（Bob Doehner）、斯圖爾特・利維、泰德・杜魯門（Ted Truman）、丹尼爾・格拉瑟（Danny Glaser）、托尼・謝格（Tony Sayegh）、賽門・甘迺迪，以及其他許多人——有些人不想具名，但他們自己知道。

我很幸運，有許多才華洋溢的朋友支持我，他們都被我初期的草稿折磨。從我開始這項企劃的那一刻，安德魯・梅耶達（Andrew Mayeda）就幫了我大忙，協助我將寫作和分析具體化；而賈斯汀・辛克（Justin Sink）是不屈不撓的初期編輯，也是讓我堅持下去的打氣者。沒有這兩位，我可能永遠無法完成這本書。

我也深深感激我的特殊讀者圈：丹・弗拉特利（Dan Flatley）、維娜・帕雷爾・艾爾斯（Vina Parel Ayers）、扎克・范・哈特（Zach Van Hart）、喬丹・馬吉爾（Jordan Magill）、克里斯・安斯蒂（Chris Anstey）、艾力克斯・澤登（Alex Zerden）、麥可・薛帕德（Michael Shepard）、珍妮佛・雅各布斯（Jennifer Jacobs）、尼克・沃德姆斯（Nick Wadhams）、莉茲・麥考密克（Liz McCormick）和史考特・貝森特（Scott Bessent）。麥肯錫・霍金斯

（Mackenzie Hawkins）是一位無價的資料高手，我要花好幾年的事情他幾個月就完成了；而艾蜜莉・米歇爾（Emily Michel）是嚴謹的事實查核者。這些人給予我的協助不可或缺，而且讓我的作品更加易懂和準確，不過本書任何錯誤或意見都是我自己的。

我有難以置信的好運，能夠任職於世界上最大的財經新聞組織——彭博新聞社。一流的編輯們投資了我的生涯和成功，讓這場冒險成為可能。我很感激雷托・格雷戈里（Reto Gregori），二〇一三年他在奧斯陸給我一份工作，讓我高興到差點從椅子上摔下來；也感謝約翰・米克爾思韋特（John Micklethwait）鼓勵記者成為專家和作家，為我們的新聞編輯室樹立了新標準。

我非常欣賞麥可・薛帕德、珍妮佛・雅各布斯、韋斯・科索瓦（Wes Kosova）、馬蒂・申克（Marty Schenker）、艾力克斯・韋恩（Alex Wayne）、克雷格・戈登（Craig Gordon）、喬丹・法比安（Jordan Fabian）、喬許・溫格羅夫（Josh Wingrove）、南西・庫克（Nancy Cook）、馬里奧・帕克（Mario Parker）和佩姬・柯林斯（Peggy Collins），以及其他許多一流的彭博華盛頓分社同事，他們教導我好的新聞要怎麼寫。

我擁有美好的家庭，給予我鼓勵，讓我培養興趣，為我的勝利喝采，並且幫助我從錯誤中學習。我將這本書獻給我的父親，他對我所冒險的興趣從來都不少於我。他跟我一起開始這段旅程，但悲傷的是，在我寫完這本書之前他就過世了。我媽就不必多說，她是我的世界中最睿智、最強悍的人。

在這個又大又美好的家庭中的每個成員，都是我的英雄，也是我的力量支柱。我非常感激許多朋友無條件支持我，因為人數太多所以無法一一列舉。我的先生也不可或缺，他不但容忍我雜亂的思緒和言語，還不停幫我這個作家加油打氣、煮了好幾頓晚餐，而我的兒子提供了我很需要的喘息，用他的傻笑聲點亮我的日子。

註釋與資料來源

二〇一六年四月，我成為彭博新聞社的專線記者，報導美國財政部的新聞。我報導了路傑克最後幾個月的部長任期，接著報導梅努欽接掌財政部這段過渡期。從那時開始，我就詳盡報導梅努欽如何將經濟政策導向川普總統的「美國優先」願景、如何向全球的財政部長解釋這件事，以及如何度過政府內部的政治分歧。

身為財政部記者，我的報導包括川普的貿易戰、經濟制裁、聯準會和國會山莊、以及政府對於近一世紀以來最糟的公衛危機的回應。我報導葉倫部長就任財政部長前的過渡期，包括她第一次出國將拜登總統「買下美國」的願景推銷給全球盟友、她對於通膨上升（有可能壓垮脆弱的經濟復甦）的看法，以及美國對於俄羅斯入侵烏克蘭的回應。

本書主要是基於我身為記者所進行的數百次訪談（對象為主導這些政策的政府官員），以及訪談之後替彭博新聞社和《彭博商業周刊》寫的文章。這些故事有許多都是跟傑出的同事一起報導和撰寫，包括珍妮佛．雅各布斯、尼克．沃德姆斯、莉茲．麥考密克，並且受到值得信賴的編輯所指引，包括艾力克斯．韋恩、麥可．薛帕德、克雷格．戈登、韋斯．科索瓦、克里斯蒂娜．林德布拉德（Cristina Lindblad）。

特別為本書進行的報導，是在二〇二一年一月和二〇二三年一月之間完成。**我採訪了一百位現任和前任財政部、聯準會、白宮、國際貨幣基金組織、世界銀行、私人部門的官員們**，以及現任和前任外交官。我進行的採訪多半是在「幕後」完成，這表示我可以使用這些專家提供的資訊和見解，但不會列出來源。這些在尾註中都標示為「作者訪談」。

我依賴彭博終端機找到大量經濟資料和研究，並且從另一個來源引用案例。我也仔細搜索過其他記者、經濟學家、前任政府官員和歷史學家的著作，他們對於本書提及的歷史事件都做了廣泛的研究。我非常感激這些專家。

胡安・薩拉特的《財政部的戰爭》、以及約翰・泰勒的《全球金融戰士》（*Global Financial Warriors*，暫譯），都是作者在政府任職時的詳盡記述。艾斯瓦・普拉薩德（Eswar Prasad）的《美元，不得已的避險天堂》（*The Dollar Trap*，暫譯）是很有學問的來源。尼爾・艾爾文（Neil Irwin）的《煉金術士》（*The Alchemist*，暫譯）、彼得・貝克（Peter Baker）和蘇珊・格拉瑟（Susan Glasser）的《執掌白宮的男人》（*The Man Who Ran Washington*，暫譯）、保羅・伏克爾和克莉絲汀・哈珀（Christine Harper）的《主席先生：聯準會前主席保羅・伏克爾回憶錄》（*Keeping at It*）、以及布萊恩・亞歷山大（Brian Alexander）的《玻璃屋》（*Glass House*）都是重要的資源。我在本書中提到的三本財政部長任內回憶錄，以及朗・蘇斯金的《忠誠的代價》，都是很重要的歷史紀錄。我的研究也受益於具有啟發性的口述歷史，記錄者為維吉尼亞大學的米勒中心（Miller Center）。

註釋與資料來源

▲ 詳細註釋與參考資料內容請掃描 QR code

國家圖書館出版品預行編目（CIP）資料

從美元看準投資趨避：美國如何把美元當武器，催生或摧毀一國產業和金融？從次貸危機到升息降息，我該如何觀察凶吉？／薩莱哈・莫辛（Saleha Mohsin）著；廖桓偉譯. -- 初版. -- 臺北市：大是文化有限公司, 2024.9
304 面；17 × 23公分 . --（Biz；465）
譯自：Paper Soldiers : How the Weaponization of the Dollar Changed the World Order
ISBN 978-626-7448-91-5（平裝）

1. CST：美元　2. CST：美元市場　3. CST：貨幣政策　4. CST：國際經濟

561.1552　113009030

Biz 465

從美元看準投資趨避

美國如何把美元當武器，催生或摧毀一國產業和金融？
從次貸危機到升息降息，我該如何觀察凶吉？

作　　者／薩萊哈·莫辛（Saleha Mohsin）
譯　　者／廖桓偉
責任編輯／陳家敏
校對編輯／宋方儀
副 主 編／蕭麗娟
副總編輯／顏惠君
總 編 輯／吳依瑋
發 行 人／徐仲秋
會計部｜主辦會計／許鳳雪、助理／李秀娟
版權部｜經理／郝麗珍、主任／劉宗德
行銷業務部｜業務經理／留婉茹、行銷經理／徐千晴、專員／馬絮盈、助理／連玉、林祐豐
行銷、業務與網路書店總監／林裕安
總 經 理／陳絜吾

出 版 者／大是文化有限公司
臺北市 100 衡陽路 7 號 8 樓
編輯部電話：（02）23757911
購書相關資訊請洽：（02）23757911　分機 122
24 小時讀者服務傳真：（02）23756999
讀者服務 E-mail：dscsms28@gmail.com
郵政劃撥帳號：19983366　　戶名：大是文化有限公司

法律顧問／永然聯合法律事務所
香港發行／豐達出版發行有限公司 Rich Publishing & Distribution Ltd
地址：香港柴灣永泰道 70 號柴灣工業城第 2 期 1805 室
Unit 1805, Ph.2, Chai Wan Ind City, 70 Wing Tai Rd, Chai Wan, Hong Kong
電話：21726513　傳真：21724355
E-mail：cary@subseasy.com.hk

封面設計／初雨有限公司
內頁排版／家思排版工作室
印　　刷／鴻霖印刷傳媒股份有限公司

出版日期／2024 年 9 月初版　　Printed in Taiwan
定　　價／新臺幣 520 元
I S B N／978-626-7448-91-5
電子書 ISBN／9786267539132（PDF）
ISBN／9786267539088（EPUB）